OPUS DEI

OS BASTIDORES

Dario Fortes Ferreira
Jean Lauand
Marcio Fernandes da Silva

OPUS DEI
OS BASTIDORES

História • Análise • Testemunhos

VERUS
editora

Revisão
Aurea G. T. Vasconcelos
Raïssa Castro Oliveira

Capa & Projeto Gráfico
André S. Tavares da Silva

VERUS EDITORA
Rua Frei Manuel da Ressurreição, 1325
13073-221 - Campinas/SP - Brasil
Fone/fax: (19) 4009-6868
verus@veruseditora.com.br
www.veruseditora.com.br

Dados Internacionais de Catalogação na Publicação (CIP)
(Câmara Brasileira do Livro, SP, Brasil)

Ferreira, Dario Fortes
Opus Dei : os bastidores : história, análise, testemunhos / Dario Fortes Ferreira, Jean Lauand, Marcio Fernandes da Silva. -- Campinas, SP : Verus Editora, 2005.

ISBN 85-87795-84-8

1. Fanatismo 2. Fundamentalismo religioso 3. Opus Dei I. Lauand, Jean. II. Silva, Marcio Fernandes. III. Título.

05-6617 CDD-306.630046

Índices para catálogo sistemático:

1. Opus Dei : História, análise e testemunhos : Fundamentalismo religioso : Aspectos sociológicos 306.630046

Corruptio optimi, pessima
[O melhor corrompido é o pior que há]
(Provérbio latino).

"Pode-se criticar muito à Igreja.
Sabemos, e o Senhor mesmo nos disse:
é uma rede com peixes bons e maus,
um campo com trigo e joio"
(Bento XVI, Vigília das Jornadas Mundiais da Juventude; Marienfeld, 20-8-2005).

Ao padre João Sérgio
e a todos os que conseguiram sobreviver
ao Opus Dei.

SUMÁRIO

Introdução 9

I Opus Dei: um fenômeno religioso 19
Pertencer ao Opus Dei 19
O que é o Opus Dei? 33
As classes de membros do Opus Dei 41
Como se fabrica um numerário 46
E os supernumerários? 49
A seção feminina 57
Uma tipologia dos numerários 64

II Opus Dei: dominação e manipulação 77
O cheque em branco 77
Jesuítas de terno e gravata 89
Caridade ou luta pelo poder? 95
Pasteurização da realidade: o Opus Dei e a família 98
O poder da linguagem manipuladora 107

III Realidade e ficção 123
A polêmica em torno de *O código da Vinci* 123
O sistema imunológico da Igreja Católica 126

Contraste: contato superficial e conhecimento dos bastidores 132
Ainda sobre o contraste... sair do Opus Dei 144

IV Opus Dei Brasil 151
No Brasil e a partir do Brasil... 151
Doutor Xavier e seu sucessor 158
Um empreendimento editorial 166
O plano de vida 170
O Colégio Catamarã 176

V O futuro do Opus Dei 181
O passado e um possível futuro 181
Outros possíveis futuros para a instituição 185
Vale a pena processar? 190
Não julgueis... 194

Conclusão 199
Obrigado, Opus Dei 201
Apêndice A 203
Apêndice B 215
Notas 223
Sobre os autores 229

INTRODUÇÃO

Breve apresentação oficial do Opus Dei

Antes da auto-apresentação do Opus Dei, lembramos que *prelazia pessoal* é uma figura jurídica, dotada de uma série de privilégios e isenções, prevista no Código de Direito Canônico. Trata-se de uma organização com um prelado e fiéis (sacerdotes e leigos), reunidos por opção pessoal e não por uma questão territorial, como ocorre com os bispos diocesanos. No *site* oficial brasileiro do Opus Dei, lê-se:

> O Opus Dei é uma prelazia pessoal da Igreja Católica. Foi fundado em Madri a 2 de outubro de 1928 por são Josemaría Escrivá. Atualmente pertencem à prelazia cerca de oitenta mil pessoas dos cinco continentes. A sede prelatícia – com a igreja do prelado – encontra-se em Roma.
>
> O Concílio Vaticano II recordou que todos os batizados são chamados a seguir Jesus Cristo e a viver e dar a conhecer o evangelho. A finalidade do Opus Dei é contribuir para essa missão evangelizadora da Igreja, promovendo, entre fiéis cristãos de todas as condições, uma vida plenamente coerente com a fé nas circunstâncias correntes da existência humana e especialmente por meio da santificação do trabalho.

Com o intuito de alcançar esse fim, a prelazia do Opus Dei proporciona meios de formação espiritual e atendimento pastoral aos seus próprios fiéis e também a muitas outras pessoas.

Por meio desse atendimento pastoral, estimula-se a prática dos ensinamentos do evangelho pelo exercício das virtudes cristãs e pela santificação do trabalho profissional.

Santificar o trabalho significa, para os fiéis da prelazia, trabalhar segundo o espírito de Jesus Cristo: realizar as tarefas próprias com perfeição, para dar glória a Deus e para servir os outros, e assim contribuir para santificar o mundo, tornando presente o espírito do evangelho em todas as atividades e realidades temporais.

Os fiéis da prelazia realizam pessoalmente a sua tarefa evangelizadora nos variados ambientes da sociedade em que vivem. Por conseguinte, o trabalho que levam a cabo não se limita a um campo específico, como a educação, o cuidado dos doentes ou a ajuda aos incapacitados. A missão da prelazia é lembrar a todos os cristãos que, seja qual for a atividade secular a que se dediquem, devem cooperar para uma solução cristã dos problemas da sociedade e dar testemunho constante da sua fé[1].

O propósito deste livro

Bastaria essa breve apresentação oficial para um católico comum sentir-se plenamente confiante no Opus Dei: uma instituição que recebeu a aprovação da Igreja, com seu fundador canonizado e que contou, além do mais, com o entusiástico apoio de João Paulo II e de Bento XVI desde a época em que era prefeito da Sagrada Congregação para a Doutrina da Fé durante o papado de seu antecessor. No entanto, o Opus Dei é, de longe, a instituição da Igreja sobre a qual recaem mais críticas e suspeitas (compartilhadas, mais recentemente, por alguns movimentos novos, acusados de fanatismo precisamente por copiarem os métodos do Opus Dei). Resumidamente, essas críticas incidem em alguns pontos:

a de que seus métodos seriam inescrupulosos e pouco transparentes; seu proselitismo, agressivo; e sua visão de mundo, fanática. Em uma palavra: uma seita (veja Apêndice B: "Opus Dei, uma seita?"), embutida na Igreja Católica.

Tal como em outras seitas, há, no Opus Dei, culto à personalidade do fundador e, de certa forma, ao prelado; ambigüidade em todas as diretrizes internas (o que permite o arbítrio dos chefes em cada caso concreto); abdicação do pensamento, da criatividade e das iniciativas pessoais, sacrificadas a uma obediência cega e mecânica; enormes dificuldades enfrentadas pela pessoa que deseja, por qualquer motivo, sair da instituição (apenas como elucidação desse fato: todo o dinheiro pessoal deve ser entregue à Obra e, ao longo da vida, o membro deve sacrificar amizades e até o contato com os familiares); despersonalização do indivíduo, calcada num rigoroso e diuturno processo de adoutrinação, o que popularmente costuma designar-se "lavagem cerebral".

Tal como em outras seitas – e este é um ponto que queremos destacar desde o começo deste livro –, há um enorme abismo entre a proposta de fachada da Obra e a realidade que, pouco a pouco, o prosélito vai encontrar. Assim se compreende que haja, entre os membros do Opus Dei, muitas pessoas boníssimas, que sinceramente buscam a Deus, embora ao longo de suas vidas na prelazia vão encontrando inúmeras contradições que requerem um freqüente exercício de contorcionismo intelectual e espiritual para permanecerem na instituição, porque, afinal, estão convencidas de que a ela foram chamadas com "vocação divina". Além do mais, o controle da informação (censura, distorção, blindagem) que o Opus Dei exerce sobre seus membros dificulta enormemente a compreensão (e até a percepção) dos absurdos praticados pela prelazia. O controle mental exercido pela Obra é tão forte que, em geral, mesmo aqueles que a deixam, saem não só desamparados material e emocionalmente, mas também, do ponto de vista religioso, sentem-se angustiados e cheios de culpa.

Nos dois casos, o problema é a falta de informação: o membro da Obra a recebe parcial e distorcida; o ex-membro, isolado, desconhece os testemunhos de outros que passaram pela mesma experiência.

Esses membros da Obra que vivenciam contradições contam com toda a simpatia dos autores deste livro, que, afinal, não só assistiram a esse "filme", mas também, um dia, o protagonizaram. Um dos maiores obstáculos que tivemos para escrever este livro foi precisamente a vergonha de termos passado tantos anos forçando-nos a acreditar que, apesar de todas as barbaridades, o Opus Dei era obra de Deus. Quando, felizmente, impôs-se para nós inexoravelmente a verdade e saímos, durante anos a grande tentação foi a de simplesmente esquecer aquele passado tenebroso. Porém, como nos livrarmos de tantos fantasmas se nem sequer nos atrevíamos a qualificá-los como tais? Chegamos a pensar que não haveria solução para aquele passado. E a solução – considerando que ela possa existir – veio de forma simples: por meio de encontros e conversas. A conversa cura à medida que traz a luz da verdade. Pouco a pouco, foram se juntando a essas nossas conversas mais e mais ex-membros, pais etc. O crescimento em extensão e profundidade dessas conversas só fez confirmar rotundamente o enorme bem que a troca de informações sobre o Opus Dei traz para a vida (e até para a fé católica) dos participantes.

Em razão disso decidimos estender esta grande conversação a outros por meio deste livro. A solidariedade para com os membros da Obra que ainda não encontraram informação completa que lhes permita retamente avaliá-la e para com os ex-membros que se encontram perdidos e como que despatriados após sua saída, levaram-nos a superar a resistência a expor-nos, e resolvemos publicar este trabalho que tanto os pode ajudar. A essas pessoas, que sofrem por estarem – ou por terem estado – nas malhas do Opus Dei, dedicamos toda a nossa *sym-pathia* (do grego "sofrer junto", "sintonia no sofrer") e este livro.

O método adotado neste livro

Para começarmos a entender o Opus Dei e sua prática, precisamos encará-lo não única e prioritariamente como uma instituição aprovada pela Igreja Católica, mas, de modo mais abrangente, como um fenômeno sociorreligioso. Se, do ponto de vista da organização eclesiástica, o Opus Dei é uma prelazia pessoal (com seus privilégios e isenções), podemos, do ponto de vista histórico, encarar a instituição como uma realidade que surgiu no conturbado ambiente político-religioso da Espanha no início do século XX e que, graças à liderança do sacerdote Josemaría Escrivá de Balaguer e dos seus sucessores, tornou-se, ao longo de sete décadas, uma entidade que exerce forte influência espiritual sobre milhares de pessoas no mundo inteiro.

De fato, sua influência está revestida de uma intenção religiosa. O seu poder é de caráter religioso, desdobrando-se em atividades no mundo da educação, da comunicação social, da política, da formação profissional etc., sempre sob a inspiração daquele sacerdote que fundou a Obra de Deus e cujo lema principal é "promover a santidade no meio do mundo".

O Opus Dei sempre afirma que a realização de sua missão, a santificação do mundo, dar-se-á por meio da santificação de seus membros – "fermento na massa", como dizia seu fundador, valendo-se da imagem evangélica –, a qual, por sua vez, corresponde a uma vocação: vocação tão total que reestrutura todos e cada um dos aspectos da vida da pessoa que a recebe. Essa missão e essa vocação são tão especiais que exigiram da Igreja a concessão do estatuto de prelazia pessoal para a Obra.

Trata-se, portanto, de um modo de vida. Um modo de vida que informa a totalidade da existência dos membros, sobretudo dos numerários, que moram em casas (centros) da prelazia. E, em se tratando de vida, de existência, o que buscamos – para mais além de dados "objetivos" históricos e sociológicos – é compreender (também no sentido técnico-metodológico de *verstehen*). E, portanto, o método que seguiremos neste trabalho será necessariamente o de busca de expressar a realidade vivida e, assim, não espere o leitor a metodologia "bem-comportada" de sociologias de superfície. Buscaremos, isto sim, o alcance, o significado e a conexão de sentido de tantas vivências de homens e mulheres que tiveram a experiência dessa "vocação". O rigor científico, no caso, está muito mais próximo da captação empática do significado do que a pretensa objetividade de estudos lineares ou estatísticos. Como afirmou certa vez o grande pensador espanhol Julián Marías (e precisamente prefaciando uma rigorosa tese de doutoramento): "O método? Sentir, como se fossem minhas, as tuas dores"[2].

Nesse sentido, um material privilegiado, na base das análises deste livro, é a própria vivência de muitos anos dos autores como membros numerários (isto é, membros de dedicação plena à instituição) e a coleta de tantos depoimentos de pessoas que protagonizaram o *modus vivendi* da Obra[3]. Assim, ao longo do livro, a exposição está em interação dialética com depoimentos e recordações. A propósito, o fenômeno Opus Dei surgiu diante de nós em dado momento de nossas vidas, e dele fizemos parte como membros numerários durante tempo suficiente para absorver sua idiossincrasia, suas peculiaridades e sua falsa beleza. Mais do que observadores externos, desejosos de encaixar a realidade em categorias mentais construídas à margem dos fatos, fomos adeptos incondicionais e, de forma gradativa, chegamos a sentir de modo vivíssimo, na própria pele, as contradições internas da instituição. Este livro, sem ser uma narrativa autobiográfica, não deixa de beneficiar-se do que viveram os autores – e não só os autores.

Em primeiro lugar, portanto, é preciso alertar o leitor para o fato de que as nossas críticas ao Opus Dei, neste livro, partem de pessoas que conheceram e conhecem a realidade institucional por dentro e que, se porventura pertencessem ainda aos quadros da instituição, seriam igualmente objeto dessas críticas.

Cabe também estabelecer uma firme distinção entre os que criticam o Opus Dei por ser uma instituição que faz parte da Igreja Católica (são os críticos contrários ao cristianismo e a tudo o que "cheira" a fé cristã) e os que, dentro dessa Igreja, como católicos, o criticamos, mesmo sendo uma instituição aprovada pela Igreja Católica e com um fundador canonizado. Tal distinção nem sempre é feita, o que leva os defensores do Opus Dei a afirmarem que toda e qualquer crítica à prelazia é uma crítica ao catolicismo, aos dogmas, à Igreja e ao papa. Pretender criticá-la, então, seria um ato de preconceito religioso, advindo talvez de ateus militantes, porque o Opus Dei sempre fez parte da Igreja Católica. Nesse sentido, a Obra nos lembrará todas as aprovações que tem recebido da hierarquia, perguntando como pode um católico sério criticar uma instituição de tal modo unida à verdadeira Igreja.

Digamos com o máximo de clareza: é possível criticar legitimamente o Opus Dei sem, com essa atitude, assumir uma postura anticatólica ou anticlerical. Ao contrário, em determinado ponto de nossa análise, é precisamente em nome do catolicismo que as críticas ao Opus Dei se tornam mais contundentes, na medida em que a prelazia, protagonista de ações anticristãs, utiliza a sua pertença à estrutura da Igreja como escudo e como álibi para esquivar-se às críticas mais justas e fundamentadas.

Fundamentamos, portanto, nossas críticas na análise do fenômeno. Obviamente, não podemos evitar que nossa preparação teórica como humanistas intervenha nessas críticas que, de resto, não se resumem a crítica pela crítica. Criticamos o Opus Dei com base numa visão apoiada nos princípios da ética humanista e da dignidade da pessoa. Fazemos uma análise vital e trazemos à baila testemunhos cuja confiabilidade dependerá também de que o leitor se disponha a julgá-los – tanto a análise como os testemunhos – com bom senso.

Queremos deixar claro que a mensagem do Opus Dei, em termos puramente abstratos, é muito bela e há no Opus Dei inúmeras pessoas boníssimas que se deixam atrair por este ideal:

a santidade no meio do mundo e a presença cristã em todas as instâncias temporais. O bem do Opus Dei são os sacramentos e a doutrina da Igreja.

Mas, então, o que pretendemos com este livro? Queremos ler a história da prelazia com olhos capazes de perfurar uma aura construída pela própria instituição. Queremos desenhar uma imagem do Opus Dei reconhecível por todos aqueles que realmente tiveram contato com a prelazia. Uma imagem fiel à experiência de pessoas concretas, cujas vidas se confundiram com a própria vida da instituição. Somos apenas algumas dessas pessoas, e o nosso mérito será, talvez, ter enfrentado com o máximo de honestidade a dor de, um dia, termos acreditado, com toda a nossa alma, naquilo que a prelazia apregoava e apregoa.

Pedimos um crédito à nossa experiência e à de outras pessoas, relatadas aqui sem uma sistematicidade estrita, mas com a lógica de uma confidência em público, a que não falta o julgamento amadurecido pelo contato com a realidade. Procuramos descrever o contraste entre essa experiência, muitas vezes dolorosa e decepcionante, com os textos e palavras do fundador do Opus Dei, e as palavras utilizadas pelos membros da Obra e pela própria Obra, oficialmente, para se descrever como iniciativa divina. Nossa experiência e nossa análise contam uma história bem diferente da história que a Obra conta a respeito de si mesma.

Nota ao leitor

Ao longo do livro, freqüentemente se utiliza o termo *numerário*, ou *numerários*, no plural. Trata-se de uma das classes de membros do Opus Dei, que existe tanto na seção masculina quanto na seção feminina da instituição. Para que o texto ficasse mais fluente, muitas vezes os termos *numerário* ou *numerários* farão referência, também, aos membros da seção feminina (*numerária* ou *numerárias*).

* * *

O livro é permeado por testemunhos de diversas pessoas que pertenceram ao Opus Dei ou que tiveram com ele algum envolvimento (são já quase duas centenas de ex-membros, pais etc. que têm contato freqüente com os autores). Algumas dessas pessoas autorizaram a publicação de seus nomes completos; outras, por razões particulares, optaram por assinar seus testemunhos apenas com iniciais ou pseudônimos.

I

OPUS DEI: UM FENÔMENO RELIGIOSO

Pertencer ao Opus Dei

Explicar corretamente o que significa pertencer ao Opus Dei é, de todas as tarefas que nos impomos realizar, uma das mais difíceis, pois essa pertença implica centenas de aspectos ligados a questões de consciência, a desejos espirituais, a sonhos pessoais, num contexto extremamente ambíguo.

Talvez um caminho possível seja recorrer ao testemunho de uma pessoa real. Utilizaremos o testemunho publicado em 2003 na internet por um dos autores deste livro:

"Conheci o Opus quando eu tinha cerca de dez anos de idade. Fui convidado por um garoto meu vizinho a participar das atividades do Clube Pinhal. Os 'clubes' do Opus Dei são sedes para captar garotos. Esse clube funcionava – e talvez ainda funcione – no subsolo do Centro Cultural Pinheiros, que fica na rua Joaquim Antunes, no bairro de Pinheiros, em São Paulo. Aquele ambiente envolvia atividades manuais, brincadeiras, competições, saídas para o campo... Eu achava tudo aquilo muito legal, muito divertido. Fazia também parte das atividades do clubinho uma aula de catecismo, dada por um sacerdote do Opus. Essa aula consistia em decorar as respostas do chamado catecismo 'verdinho'. Lembro-me de que o sacerdote fazia competições de catecismo, tendo como prêmios algumas balas ou doces. Como meus pais nada sabiam sobre o Opus, deixaram-me freqüentar o clubinho.

Alguns anos depois, com cerca de 14 anos de idade, passei também a freqüentar o centro. E o que se fazia lá? Basicamente, estudar e receber 'formação' [ensinamentos do Opus Dei]. Com relação ao aprendizado, lembro-me das chamadas 'guerras de estudos'. Era semelhante ao jogo War, disputado por equipes. A equipe que passasse mais tempo na sala de estudos do centro teria mais exércitos para colocar no jogo. Tinha gente que levava bastante a sério essa atividade. Eu gostava dela porque gostava de estudar.

Pouco a pouco, ia aumentando a dose da formação que eu recebia e que consistia em participar das seguintes atividades:

1. conversa semanal com o sacerdote (já a fazia no clubinho);
2. meditação semanal pregada por um sacerdote (essas meditações ocorriam no oratório do centro. O sacerdote vinha pelo fundo do oratório e, quando entrava, todos se levantavam; ele se dirigia ao altar, ajoelhava-se e rezava a oração inicial das meditações: 'Meu Senhor e meu Deus, creio firmemente que estás aqui, que me vês, que me ouves...'; depois dessa oração, sentava-se numa cadeira, tendo à sua frente uma mesinha sobre a qual colocava papéis com o conteúdo da meditação, e aí passava a pregar);
3. círculo semanal (eram palestras que um membro do Opus dava para um grupo reduzido de rapazes);
4. recolhimento mensal (era um período durante o qual o sacerdote pregava duas meditações);
5. retiro anual (tratava-se de um final de semana que passávamos numa casa de campo, participando de uma programação intensa de formação, que incluía diversas meditações e palestras; o silêncio era obrigatório);
6. convívio (também era um tempo que passávamos em uma casa de campo, porém não havia a obrigatoriedade de fazer silêncio).

É claro que não foi do dia para a noite que passei a participar dessas atividades. O pessoal do centro foi me propondo participar de cada uma delas de maneira gradual.

Havia também as chamadas 'práticas de piedade', ou 'normas'. Pouco a pouco, o sacerdote foi pedindo para eu fazer as seguintes normas: leitura do evangelho, leitura espiritual, oração mental, missa durante a semana etc.

Outras coisas que me pediram para fazer:

1. visita a hospital: visitei, a convite de um membro do Opus, uma enfermaria de ortopedia infantil; levamos alguns gibis para os meninos que estavam internados;
2. visita aos pobres: visitei, também na companhia de um membro do Opus, um barraco de uma favela de São Paulo; levamos algumas roupas velhas para os favelados.

As visitas a hospitais e aos pobres não tinham nenhuma finalidade de assistência aos necessitados. A finalidade era suscitar no rapaz um sentimento de querer ajudar, de ser generoso. Esse sentimento seria utilizado pelo Opus, posteriormente, para levar o rapaz a tornar-se membro da instituição.

A certa altura, eu já ia quase todos os dias da semana ao centro. Eu tinha apenas 15 anos. Um dos membros do Opus começou a insistir que eu também me tornasse um membro da instituição. Eu não lhe dava a mínima, não o levava a sério nisso. Achava que ele estava enganado, que eu não tinha vocação nenhuma.

Aí, fiz um retiro. Nesse retiro, uma das meditações teve como tema a vocação. O sacerdote que pregava o retiro foi forte na sugestão à vocação para o Opus: insistiu na necessidade de sermos generosos, apresentando farta argumentação... Aquela forte sugestão do sacerdote fez com que eu ficasse com o tema da vocação nos meus pensamentos, nos dias posteriores ao retiro. Eu estava, então, pensando se tinha mesmo a tal da vocação para o Opus ou não.

A primeira pessoa para quem perguntei mais abertamente: 'Você acha que eu tenho vocação para a Obra?', foi o sacerdote do centro. E ele disse que sim, sem hesitar.

O sacerdote do Centro Cultural Pinheiros, naquele tempo, era o padre R. S. (Utilizo aqui apenas suas iniciais, porque eu soube que ele, graças a Deus, já conseguiu enxergar os absurdos que praticava e deixou o Opus.)

Depois da pergunta ao sacerdote do centro, o meu mundo desabou de vez! Aquele sacerdote, com quem eu conversava já durante alguns anos, exercia grande influência sobre mim. E eu não esperava pela resposta afirmativa dele, não contava com aquilo. O meu impulso inicial foi de assombro, de grande surpresa. Minha idéia inicial de vida, o meu *default*, era casar-me, ter filhos, sei lá, ser um cara mais comum, um cristão mais comum. A dúvida a respeito da vocação ocupava agora mais espaço ainda nos meus pensamentos. Impossível não pensar nesse assunto naqueles dias.

Eu já vinha conversando com certa freqüência com o diretor do centro, que naquele tempo era o João Malheiro. Pois bem, o João Malheiro também confirmou que achava que eu tinha vocação. Aquilo tudo me deu um mal-estar muito grande, uma sensação de beco-sem-saída, de sinuca. Afinal, era o pessoal que eu mais prezava... Era o meu principal círculo de amizades. Era o meu vínculo emocional e afetivo mais forte, talvez igual ou maior do que o que eu tinha em relação aos meus pais e irmãos naquela fase da vida.

Bem, esse impasse durou algum tempo, talvez uns dez dias, até que 'apitei'. *Apitar*, para quem não sabe, é uma palavra usada no jargão do Opus, que significa pedir a admissão como membro da instituição.

Cansado daquela situação indefinida e muito desconfortável, acabei por contar para o sacerdote que eu, então, havia decidido pedir a admissão. Ele me disse que comunicasse a minha decisão ao João Malheiro. Pois bem, entrei na sala do João e disse que queria pedir admissão para o Opus. Ele me respondeu que eu precisaria escrever uma carta para o padre, ou seja, para o prelado do Opus, pedindo a admissão como numerário. *Numerário* é o membro do Opus que é celibatário e mora nas residências da instituição. Fui a uma das salas do centro e escrevi a tal carta. O João Malheiro, ao ler a carta, reclamou do estilo muito coloquial e 'de moleque' que eu havia usado. Ora, que outro estilo esperar de um garoto de 15 anos?

A partir daquele instante, eu tinha passado a 'ser de casa'. *Ser de casa* é, no jargão do Opus, a expressão usada para designar as pessoas que são membros da instituição. Alguns numerários do centro vieram me cumprimentar: '*Pax!*', ao que eu devia então responder: '*In Aeternum!*'. Esse é o cumprimento secreto dos membros, em latim. Significa 'paz, para sempre!'. Um dos numerários me disse que eu havia passado a ser o 'farol vermelho' do centro, ou seja, a vocação mais recente daquele centro.

Me veio uma enorme sensação de paz. 'Fui generoso!', pensei. No fundo, o que explica essa sensação de paz é o ponto final, ou seja, a solução que eu tinha encontrado para pôr fim àquele conflito a respeito da vocação – conflito este que foi criado pelos membros do Opus. De fato, a insistência de um dos numerários para que eu também me tornasse um membro, a pregação do sacerdote no retiro, o posicionamento firme do padre R. S. quanto à 'certeza' da minha vocação, o mesmo posicionamento do João Malheiro... tudo isso fez parte de um plano cuidadosamente executado, em conjunto, pelos membros do Opus.

Lógico que, no momento em que pedi a admissão, eu tinha fé no Deus do catolicismo – Jesus Cristo (fé que hoje, apesar da experiência que tive com o Opus, ainda conservo, porém passando muito longe de qualquer fundamentalismo ou fanatismo). Naquele momento, eu acreditava que Deus, falando através do sacerdote e do diretor do centro, de fato queria que eu fosse um membro do Opus. Graças a Deus, mais tarde, deixei de acreditar nisso.

Não contei nada aos meus pais sobre a minha vocação. No Opus, falavam que a vocação era uma coisa muito pessoal. Falavam também que, muitas vezes, os pais não entendiam a vocação dos filhos, e, por isso, era melhor não comentar nada com a família. Passei, então, a ser numerário 'adjunto'. *Adjunto* é o numerário que ainda não mora no centro.

Nas semanas que se seguiram ao pedido de admissão, eu ia tendo sucessivas conversas com o João Malheiro. Nessas conversas, o João ia, pouco a pouco, explicando-me como viver o chamado 'espírito da Obra'. Falou-me sobre as *preces*, uma oração privada dos membros do Opus, e me deu uma cópia plastificada do texto, em latim, e uma agenda da marca Finocam. O diretor falou-me sobre o *cilício*, um cordão com pontas de ferro usado por debaixo da roupa, sobre uma das coxas, durante algumas horas por dia, como mortificação corporal obrigatória para os numerários. Falou-me sobre as *disciplinas*, uma espécie de chicote de cordas com que os numerários praticam mortificação corporal, em geral uma vez por semana. Ganhei o meu *kit* de autoflagelação. Falou-me sobre a *conta de gastos*, relatório de todos os gastos pessoais, mesmo os mais insignificantes, que deveria ser apresentado ao diretor. Falou-me sobre a *correção fraterna*, a forma de um membro apontar desvios do chamado espírito da Obra, que eventualmente tivesse observado no comportamento de outro membro. Falou-me sobre a *água benta* na cama e sobre as *três ave-marias* com os braços em cruz antes de dormir. Eu deveria dizer *serviam* ('eu servirei') e beijar o chão ao acordar. Deveria ter uma *conversa fraterna*, que é uma conversa semanal obrigatória com o diretor. Falou-me das *Crônicas* (revista interna do Opus)... Eu ficava apreensivo e pensava comigo: 'E agora, que mais será que tem de surpresa?'. O João me deu uma listinha com as normas e um quadriculado para preencher dia a dia, no exame geral, para ver se eu havia cumprido ou não cada uma delas.

Minha rotina de adjunto era extenuante: acordar às cinco horas da manhã, tomar banho frio, ir ao centro. Assistir à missa. Do centro, ir ao colégio. Almoçar e voltar ao centro. Rezar as preces, fazer a leitura do evangelho e de um livro espiritual, no oratório. Colocar o cilício e ficar com ele durante duas horas. Estudar na sala de estudos, ou então fazer algum encargo. Às quatro e meia, oração mental. Às cinco da tarde, tertúlia com cafezinho. Nós nos sentávamos em sofás ou cadeiras e conversávamos durante aproximadamente meia hora. Às cinco e meia, mais estudo, ou fazer a conversa fraterna, ou fazer algum encargo. Mais ou menos às sete da noite, pegar o ônibus e ir para casa. No ônibus, rezar o terço. Chegar em casa, jantar e desabar na cama, esgotado de cansaço. Isso tudo incluía, é claro, os sábados e os domingos. Aos domingos a gente fazia uma excursão, ou então tinha algum jogo de futebol.

Fui 'vítima de uma perseguição' no colégio em que eu estudava. A certa altura, um dos professores falou mal do Opus. Defendi o Opus. Comentei o ocorrido com o sacerdote e com o João Malheiro, e eles aplaudiram a minha coragem com uma frase do tipo: 'Puxa vida, Deus não coloca assim uma situação tão dura para qualquer um... Ser perseguido é sinal de predileção de Deus... Você é valente, corajoso!'. O fato é que a crítica do professor reforçou a minha crença no Opus. Isso é freqüente em seitas: devido aos argumentos inculcados no processo de formação, uma crítica externa acaba por estreitar os vínculos do membro com a sua seita.

É obrigação de todos os numerários fazer proselitismo. No tempo de colégio, convidei alguns de meus colegas para ir ao centro. Uma parte deles, felizmente, tinha pais mais bem informados sobre o Opus que os meus. Esses colegas pararam de me acompanhar ao centro. Mas infelizmente tive um amigo que se envolveu mais tempo com o Opus. Ele não chegou a se tornar um membro; mesmo assim, comentou comigo que as conversas que fazia com um sacerdote do Opus contribuíram para o abalo de sua saúde psíquica.

Me recordo que o João Malheiro, às vezes, pedia para eu preparar algum tema para as tertúlias. Ou seja, até aquelas reuniões de bate-papo informal não eram lá muito naturais e espontâneas.

Fiz um convívio, pouco tempo depois que apitei, para acompanhar alguns rapazes que eram potenciais novos membros do Opus. Fiquei triste durante esse convívio. Sofri a frieza dos outros 'de casa' comigo: como sabiam que eu já tinha apitado, era como se eu não existisse; ou seja, depois que 'mordi a isca' e me tornei um membro do Opus, eles não precisavam mais parecer simpáticos comigo.

Nesse convívio, no horário do esporte ou de algum tempo livre, convidei um rapaz para jogar xadrez. E fomos jogar num local afastado da casa. Recebi uma correção fraterna: me disseram que o jogo de xadrez estava proibido. Será que o jogo de xadrez é proibido no Opus porque pode estimular o desenvolvimento do raciocínio?

Havia uma época do ano em que os numerários do centro tinham que fazer a venda de assinaturas do Círculo de Leitura. Trata-se de uma assinatura anual de publicações, em forma de livreto, da Editora Quadrante. Os numerários não recebiam nenhuma quantia a título de comissão pelas vendas das assinaturas. Ou seja, é um trabalho gratuito feito pelos numerários, que gera grandes somas para os cofres do Opus. Vendi várias dessas assinaturas.

Fiz 18 anos. Fui morar no centro. Fiquei num quarto com mais dois numerários. Recebi uma correção fraterna por tomar banho muito rápido. De fato, acho que eu voava naquele banho, porque, mesmo no inverno, diziam para eu tomar banho frio.

Todos os dias, pela manhã, fazíamos oração mental e assistíamos à missa no oratório do centro. De segunda à sexta, a missa costumava acabar por volta das sete horas. Minhas aulas começavam, na faculdade, às sete e meia, no *campus* da USP. Assim, a única forma que encontrei de chegar no horário de início das aulas foi ir de bicicleta. Aos numerários, em geral, não era permitido ter um carro próprio, e esse era o meu caso. Ir de ônibus significava chegar atrasado, porque incluía necessariamente o tempo de deslocamento até o ponto, o tempo de espera do ônibus e o tempo das intermináveis voltas que o ônibus fazia dentro do *campus* da USP até chegar à minha faculdade.

Depois de algum tempo, o João Malheiro proibiu que eu fosse de bicicleta para a faculdade. Mas não porque ele achasse perigoso andar de bicicleta no meio do trânsito de São Paulo. Longe disso... Ele disse que eu devia ir de ônibus para fazer apostolado com os demais passageiros! E disse: 'Não tem importância chegar atrasado...'. Eu não entendia... Chegar atrasado à faculdade era coisa que, para mim, implicava em não viver a virtude humana da pontualidade no trabalho profissional. Trabalho profissional que, no meu caso, era o estudo lá na faculdade. E como é que ficava o tal do 'santificar o trabalho profissional', que é um dos pontos centrais da mensagem do Opus?

Passei a viver o costume do *dia de guarda*, que era uma obrigação semanal dos numerários. Na véspera do dia de guarda, o numerário tinha que dormir no chão. No primeiro dia não dormi quase nada por causa do desconforto e do frio. Eu achava essa norma contraproducente porque, tendo dormido mal, eu ficava morrendo de sono no dia seguinte, o que significava um dia pouco produtivo, ou seja, atrapalhava o tal do 'santificar o trabalho profissional'.

Quis fazer um curso de língua estrangeira. O João Malheiro não permitiu. Mas eu não entendia, por exemplo, por que o João podia, no meio da tarde, ligar a TV para 'dar uma olhada' no jogo de futebol... Ver um jogo de futebol podia. Já estudar uma língua estrangeira não podia... E falavam que o Opus destina-se, preferencialmente, aos intelectuais... (Nada contra o futebol, por favor!)

Um dia, apareceu um numerário de outro centro do Opus, com uma Kombi. Além de mim, ele levou mais uns três numerários para arrancarmos ervas daninhas da grama de Aroeira. Aroeira é uma casa de retiros do Opus. Ficamos lá o dia todo, arrancando aquelas pragas da grama. Obviamente, trabalho gratuito, como sempre. Com entusiasmo juvenil, comentei com o numerário da Kombi que devia haver um jeito de a gente poder dormir menos para ter mais tempo para fazer as coisas, para o dia render mais... E esse numerário, que era mais velho, respondeu: "Mas se o único tempo que temos para nós, numerários, é quando dormimos!". Sem comentários...

O tempo foi passando, e comecei a perceber muitas coisas erradas no centro.

Comecei a falar com o João Malheiro que eu estava com dúvidas sobre a minha vocação. Eu lhe dizia: 'A minha cabeça não está mais aqui'. Outra frase: 'Se ficar aqui, vou acabar atrapalhando, porque não acredito mais nisso'. E outra: 'Como vou fazer proselitismo, se não acredito nisso?'. Passei a não concordar com um monte de coisas e a enxergar incongruências, hipocrisias. Simplesmente eu 'não engolia mais' aquele papo das meditações, dos círculos, e a formação como um todo. Eram inúmeras as contradições que eu não conseguia mais digerir.

Por exemplo, por um lado, pediam para 'ter iniciativas apostólicas', mas, ao mesmo tempo, tudo, simplesmente tudo, em matéria de apostolado, deveria ser feito de acordo com as detalhadas instruções do diretor. Então pensava comigo: 'Para que ter iniciativas, se o diretor acaba mandando que se faça outra coisa?'.

Percebi que não era possível ser natural, espontâneo, e que a falta de naturalidade e de espontaneidade roubava todo o entusiasmo ao se fazer alguma coisa. Descobri que, para se fazer algo com gosto, com amor, sobretudo no que diz respeito à vida espiritual, esse algo tinha que nascer do nosso íntimo, tinha que nascer de uma convicção pessoal, tinha que nascer de uma área do nosso ser inatingível a quem quer que seja. Portanto, esse agir mecânico, de acordo com uma simples indicação do diretor, significava um agir despersonalizado, e isso pode até ter lugar em outras instituições humanas, mas não quando se trata de algo relativo a Deus.

Descobri que o pessoal ali era infeliz. Como exemplo máximo dessa infelicidade coloco o sacerdote. De fato, a insatisfação e o descontentamento ficavam estampados no seu semblante. Eu não entendia...

Observei também que muitos numerários desapareciam misteriosamente, do dia para a noite. O João dava uma desculpa esfarrapada, do tipo 'está doente'... Às vezes, porém, ele admitia que algum numerário tinha abandonado o Opus. Nesse caso ele dizia que tal numerário 'não perseverou', acrescentando que 'as folhas secas caem por si só'...

Em resumo, eu estava enxergando contradições e infelicidade naquele ambiente. O negócio da obediência ao diretor tinha ficado intragável. Eu não curtia ter que chegar atrasado à faculdade, não poder estudar a quantidade de horas que achava que devia estudar, ter que consultar qualquer coisa que saísse da minha rotina de 'robô' com o diretor etc.

A situação era especialmente delicada, pois havia a agravante de não podermos fazer algum comentário crítico a respeito de qualquer coisa da instituição com os demais membros e, mais ainda, é claro, com não-membros. Isso era proibidíssimo. Na formação, eles eram muito enfáticos quando diziam que todo e qualquer comentário crítico a respeito do Opus deveria ser feito apenas e tão-somente ao diretor que, nesse caso, tratava de tentar persuadir o membro a ter menos 'espírito crítico'.

Chegou uma época em que eu ficava pensando nessas coisas na cama antes de dormir. Ficava pensando, e pensando, e pensando. E ficava pensando tanto, que cheguei a atravessar algumas noites inteiras sem dormir. Nesse período de muita reflexão, passei a redigir um documento que posso intitular como 'Motivos pelos quais eu deixei a Obra'. Foram mais ou menos três folhas de papel tamanho A4, onde escrevi, enumerando, algumas coisas que havia pensado. Por exemplo, escrevi: 'Vocação? A mim Deus nunca se manifestou de forma clara'. Pena que destruí esse 'documento' muitos anos depois de ter deixado o Opus, num momento em que tive alguns problemas psicológicos e não sabia ainda qual era a sua causa que, obviamente, era meu próprio envolvimento com o Opus.

Em relação à saúde física recordo que, numa tarde, estava me sentindo extremamente fraco, exausto, como conseqüência de uma forte gripe. Falei com o João Malheiro sobre isso, e ele não me autorizou a ir me deitar. Mesmo assim, fui porque simplesmente não me agüentava mais em pé. Certo dia, desmaiei no banheiro depois de ter tomado banho. Eu já tinha acordado meio 'bêbado' de cansaço físico e mental. Cambaleando, fui para o cubículo do banheiro onde fica a privada. Fechei a porta. Minha visão escureceu, e caí ali no chão daquele cubículo. Depois de alguns minutos, eu me recuperei e levantei-me. Resolvi nem comentar isso com ninguém.

As conversas sobre vocação iam se sucedendo com o João Malheiro. A certa altura, disse-lhe que ia embora. E ele me pediu: 'Fica mais um tempo, pensa melhor...'. E passava um certo tempo e eu, de novo: 'Vou embora semana que vem...'. E ele: 'Fica mais, espera passar o tempo...'. E não sei bem quanto tempo fiquei nessa situação. Acho que cerca de seis semanas.

E então veio um retiro para numerários. Eram cinco dias em silêncio, só ouvindo aquelas meditações e palestras. E essa ocasião serviu para eu confirmar que tinha que ir embora! No retiro, chegou o momento de eu ter uma conversa com o sacerdote que pregava. Comentei, então, minhas dúvidas a respeito da minha vocação e da minha vontade de ir embora. Ele se mostrou surpreso, perplexo. Perguntou-me: 'O seu diretor sabia dessa sua condição quando mandou que você viesse ao retiro?'. Eu disse: 'Ele sabe, sim, até por isso pediu que eu viesse para cá...'. O sacerdote se mostrou, então, espantado e nem quis conversar muito mais. Acho que essa era a defesa daquele sacerdote: quando o assunto era mais sério, ele fugia... Um sacerdote que não sabe conversar sobre o tema vocação divina?! Que coisa rara!

Voltei ao centro. Comentei com o diretor sobre o retiro e a minha decisão de ir embora mesmo. Nessa altura, eu estava fazendo um encargo de manutenção material do centro, muito a contragosto. Era o secretário do centro que dizia para eu fazer esses encargos. Um dia antes de eu ir embora, ele veio me pedir para fazer um outro encargo, mas retruquei: 'Só que desta vez não vai dar, porque amanhã vou embora'. E ele saiu, em silêncio. Hoje percebo que essa multidão de encargos fazia parte da tática deles para me reter no Opus por mais tempo, impedindo que eu pensasse. Graças a Deus, encontrei tempo, lucidez e serenidade para estar muito seguro do passo que iria dar.

Chegou o dia que havia estabelecido para deixar o centro. Saí em silêncio, sem falar com ninguém, levando meus poucos pertences. Falando em pertences, alguns dias depois de ter saído, resolvi me desfazer do cilício e das disciplinas. Peguei esses instrumentos de autoflagelação e joguei-os num rio.

Nunca me arrependi de ter saído do Opus. É engraçado, mas, mesmo nos momentos de maior tristeza, nunca disse a mim mesmo: 'É, eu não devia ter saído da Obra...'. Cheguei a pensar que era um cara diferente, um sujeito bem *sui generis*, mas nunca pensei algo como 'o meu lugar é no Opus, como numerário'. De fato, quando, em sonhos, aparecia uma situação em que eu figurava como numerário, acordava e pensava: 'Ufa!... Ainda bem que é só um sonho!'.

Apesar de ter deixado de ser membro da instituição, psicologicamente ainda tinha uma ligação enorme com o Opus. Simplesmente, depois de ter recebido toda aquela formação dos 10 aos 18 anos, eu não sabia viver de outra maneira, a não ser baseando-me nos ensinamentos do Opus. Eles estavam demasiadamente arraigados no meu ser, haviam sido como que impressos nas tábuas da minha mente, só que impressos com aquelas ferramentas de entalhar, como aqueles escritos antigos que ficam em alto relevo, os cuneiformes, se não me engano. Os ensinamentos do Opus tinham sido entalhados com bastante profundidade nas tábuas da minha mente.

Como resultado do meu envolvimento com o Opus e da formação que lá recebi, tive problemas psicológicos anos depois de ter deixado de ser membro da instituição. Graças a Deus, graças à ajuda de uma excelente psicóloga e graças ao meu esforço pessoal, consegui vencer os problemas psicológicos.

Ao libertar-me da prisão mental que significa a formação recebida no Opus, tive a nítida sensação de ter nascido novamente. Tudo para mim era novidade! Deus, as pessoas, as coisas do mundo... Passei a enxergar tudo isso com meus próprios olhos, sem qualquer filtro que rotulasse de alguma forma a realidade. Depois de ter feito uma 'viagem' muito estranha e autodestrutiva pelo mundo 'à Opus Dei', eu estava 'aterrissando' de volta ao planeta Terra. Pode parecer que estou exagerando, mas é sério: nesta fase, até tomar um simples cafezinho com bolachas era algo que me deixava exultante de alegria!" (*Marcio Fernandes da Silva*).

Qualquer numerário do Opus Dei, em qualquer parte do mundo, reconhecerá que esse relato condiz perfeitamente com a realidade. A etapa final, em que o membro da Obra começa a sofrer e pôr em dúvida a sua "vocação" (chamado específico para ingressar na Obra, entregando-se totalmente a ela), já foi protagonizada por um sem-número de ex-membros, e muitos dos que permanecem na instituição já acompanharam, direta ou indiretamente, dezenas de casos semelhantes.

O sacerdote que atendia a direção espiritual do Marcio, deu também recentemente seu testemunho:

"Fui sacerdote numerário do Opus Dei de 1979 a 1993. Foram 14 anos 'estranhos' na minha vida, que não desejo para ninguém. Não quero discutir a problemática do 'certo' e do 'errado' sobre a minha passagem pelo Opus, menos ainda sobre a minha ordenação como padre dentro da associação. Penso que esse é um assunto que hoje faz parte da história das minhas deliberações de vida e não vejo nenhum sentido uma discussão sobre decisões pessoais tomadas no passado. O que me surpreendeu foi a incapacidade dos dirigentes do Opus Dei para o diálogo aberto. Essa surpresa só acontece quando o membro do Opus Dei passa por uma fase de 'crise', de questionamento mais aberto, de aspiração mais abrangente. É algo semelhante ao que conta Platão no 'mito da caverna'. Só é possível entender as limitações impostas pelas amarras das correntes dentro da caverna depois de ter saboreado, de alguma maneira, a luz do sol fora da caverna. A analogia impressiona. Presos no interior da caverna por enormes correntes, mesmo tendo vislumbrado uma luz do lado de fora, alguns sentem – como diz Platão – uma enorme dificuldade em sair para ver a luz lá fora. E aqui temos um problema sério: para os dirigentes do Opus Dei, o interior da caverna é a única opção. [...]" (*R. S.*).

O que é o Opus Dei?

O Opus Dei é a única prelazia pessoal da Igreja Católica. Não vamos entrar aqui em detalhes do Direito Canônico. Lembremos somente que, se esse estatuto não se ajusta exatamente ao perfil pastoral do Opus Dei, pelo menos serve-lhe maravilhosamente para sua tão necessária independência dos bispos. As prelazias pessoais estão previstas para missões pastorais especiais, que exigiriam uma flexibilidade jurídica especial. No caso do Opus Dei, a missão pastoral alegada para obter o privilégio é a nada especial contribuição "para a missão evangelizadora da Igreja, difundindo uma profunda tomada de consciência da chamada universal à santidade e do valor santificador do trabalho cotidiano"[1].

Essa é a apresentação "de fachada", ou, como se diz, "para inglês ver". Havemos de concordar que a definição é pomposa, porém ela está muito distante da realidade. Quem vivenciou um pouco dos bastidores do Opus Dei sabe que essa definição não tem nada a ver com o dia-a-dia, com a prática da instituição.

Definir o Opus Dei não é tarefa fácil. Satur, um ex-membro espanhol, até chegou a escrever um livro com o seguinte título: *¿Alguien sabe qué es el Opus Dei?* [Alguém sabe o que é o Opus

Dei?][2]. A dificuldade em definir o Opus Dei decorre do seu caráter multifacético, ou seja, da habilidade que a instituição possui de comportar-se de forma camaleônica. Na realidade, até mesmo a grande maioria dos membros da instituição não sabe o que é o Opus Dei. Só o entendemos quando o vemos como uma instituição cujo único e supremo objetivo é sua autopreservação, crescimento e a busca desenfreada de poder. O Opus Dei é um fim em si mesmo. Para atingir seu objetivo, utiliza-se dos seguintes meios: Deus, a Igreja Católica e várias pessoas de boa vontade, porém desavisadas. Não serve a Deus, a Igreja e a sociedade, mas serve-se de Deus, da Igreja e da sociedade.

A quem deseje uma visão histórica do Opus Dei purificada, limpa de problemas e contradições, recomendamos que recorra aos escritórios de informação da própria instituição. Em livros devidamente aprovados por ela, em artigos e *sites* orientados por Roma (leia-se: pela Obra sediada em Roma), tudo será contado como uma história divina, em que a heroicidade do fundador (também chamado de "Nosso Padre" pelos membros do Opus Dei) está sempre patente e em que o céu todo, com todos os santos, mostra-se empenhado em que seja realizada a Obra de Deus.

A história é facilmente contada. Em 2 de outubro de 1928, durante um retiro que fazia em Madri, Josemaría Escrivá, por inspiração divina, funda o Opus Dei. A Obra de Deus é um caminho de santificação. Todas as pessoas podem santificar-se em seu trabalho profissional e no cumprimento dos seus deveres cotidianos. O nome *Opus Dei* só começou a ser usado pelo fundador nos inícios da década de 1930, embora desde o primeiro momento, em suas anotações e conversas sobre o que o Senhor lhe pedia, falasse da Obra de Deus.

Em 14 de fevereiro de 1930, de novo em Madri, enquanto celebrava a missa, Josemaría Escrivá dá-se conta de que Deus quer que o Opus Dei se dirija também às mulheres.

Poucos anos depois, é aberto o primeiro centro do Opus Dei, a Academia DYA, destinada especialmente aos estudantes, onde se ministram aulas de Direito e Arquitetura. DYA, porém, tem uma interpretação interna. Se para "os de fora" trata-se de "Derecho Y Arquitectura", para "os de dentro" significa "Dios Y Audacia". Um ano depois, a Academia DYA torna-se residência universitária. Dali, o fundador e os primeiros membros oferecem formação cristã e difundem a mensagem do Opus Dei entre os jovens. Parte importante desse trabalho é a catequese e o atendimento aos pobres e aos doentes dos bairros periféricos de Madri. Josemaría Escrivá mantém o bispo de Madri sempre informado das suas atividades e conta desde o primeiro momento com sua aprovação e bênção. Publica-se *Consideraciones espirituales* [Considerações espirituais], precedente do livro *Caminho*, de Josemaría Escrivá.

Estoura a Guerra Civil espanhola em 1936. Desencadeia-se a perseguição religiosa, e Josemaría Escrivá vê-se obrigado a refugiar-se em diversos lugares. As circunstâncias obrigam-no a interromper momentaneamente os seus projetos de estender a ação apostólica do Opus Dei a outros países. Para fugir da zona *roja*, o fundador e alguns fiéis do Opus Dei atravessam os Pirineus por Andorra e passam para a região onde a Igreja não é perseguida. Finda a Guerra Civil, Josemaría Escrivá regressa a Madri. Inicia-se a expansão do Opus Dei por outras cidades da Espanha. O começo da Segunda Guerra Mundial impede a ida a outros países.

Chegamos a 1941. No dia 19 de março, o bispo de Madri, Leopoldo Eijo y Garay, concede a primeira aprovação diocesana ao Opus Dei.

Em 1943, Josemaría Escrivá acha uma solução jurídica que permitirá a ordenação de sacerdotes do Opus Dei. Um ano depois, dom Leopoldo ordena três numerários, entre eles Álvaro del Portillo, que virá a ser o primeiro sucessor de Escrivá.

Termina a Segunda Guerra. O fundador do Opus Dei transfere-se para Roma. Nos anos seguintes, viaja por toda a Europa a fim de preparar o estabelecimento do trabalho do Opus Dei em diversos países. A sua presença em Roma surte efeito. Em 24 de fevereiro de 1947, a Santa Sé concede a primeira aprovação pontifícia, que será seguida de uma aprovação definitiva, concedida pelo papa Pio XII. Essa aprovação permite a admissão de pessoas casadas no Opus Dei e a adscrição de sacerdotes diocesanos à Obra.

Enquanto isso, com boas amizades na ditadura franquista, o Opus Dei vai tomando de assalto postos importantes ligados ao Ministerio de la Educación (não por acaso na época apelidado de "Monasterio" de la Educación) e a cátedras universitárias. Em 1958, vigésimo ano de Franco como ditador, Escrivá lhe dirige uma carta de felicitações:

> Não posso deixar de me alegrar, como sacerdote e como espanhol, ao ver que a voz autorizada do Chefe de Estado proclama que "a nação espanhola considera como sinal de honra o acatamento da Lei de Deus, segundo a doutrina da Santa Igreja Católica e Romana, única e verdadeira, e fé inseparável da consciência nacional que inspirará sua legislação". Na fidelidade à tradição católica de nosso povo, encontrar-se-á sempre, junto com a bênção divina das pessoas constituídas em autoridade, a melhor garantia de acerto nos atos de governo e na segurança de uma paz justa e duradoura no seio da comunidade nacional. Peço a Deus Nosso Senhor que cumule V. Exa. de todo tipo de venturas e lhe confira graça abundante no desempenho da alta missão que tem confiada[3].

O objetivo da carta era parabenizar ao "Jefe del Estado" pela "Ley de Principios del Movimiento Nacional"[4], que reafirmava "los principios inmutables del Movimiento Nacional". Naturalmente, ao sabor das oportunidades, Escrivá terá a suficiente "flexibilidade" para proclamar que o Opus Dei é contra todo clericalismo político, que não havia nenhuma relação do Opus Dei com o franquismo etc.

Escrivá tinha sérias reservas ao Concílio Vaticano II e aos papas que o promoveram. Afinal, a Obra lhe fora mostrada por

Deus, e ele sempre se referiu ao espírito da Obra (aí incluído tudo: normas, costumes, preceitos etc.) como sendo imutável, ou, em palavras do próprio Escrivá, o Opus Dei não estava desenhado, mas "esculpido". Não houve nenhuma mudança no Opus Dei por conta do concílio, exceto, é claro, as mínimas obrigatórias para todos os católicos. Mesmo assim, Álvaro del Portillo, que já tinha influência no Vaticano, obteve uma licença especial para que Escrivá pudesse continuar celebrando a missa pelo extinto rito de são Pio V (a mesma missa do bispo tradicionalista Lefebvre, que acabou excomungado porque, contrariando ordem do Vaticano, ousou sagrar bispos quatro sacerdotes, num ato que foi considerado cismático). A única mudança do Opus Dei em função do concílio foi um endurecimento da disciplina interna para evitar a contaminação da postura de maior abertura e liberdade proposta pelo Vaticano II. Um dos autores deste livro lembra-se de ter visto Escrivá lamentando a extinção do *Index Librorum Prohibitorum* (o famoso índice de livros proibidos) e dizendo que, se a Igreja não tinha mais índice, "Yo sí que lo tengo: este!" – e apontava o seu dedo indicador. Com isso explicava que tinha acabado de criar um *Index* próprio da Obra, sobre o qual voltaremos a falar em outro capítulo.

Mas o Opus Dei é pragmático e oportunista. Se o Vaticano II lhe parecia detestável, pelo menos abria brechas para o seu fortalecimento institucional ao reformular a doutrina sobre os leigos. Assim, em 1969, realiza-se um Congresso Geral extraordinário do Opus Dei, em Roma, com o objetivo de estudar a sua transformação em prelazia pessoal, figura jurídica prevista pelo Concílio Vaticano II e que traria benefícios ao Opus Dei.

No início da década de 1970, Josemaría Escrivá percorre a Espanha e Portugal numa viagem de catequese que dura dois meses. Em 1974, percorre seis países da América do Sul (Brasil, Argentina, Chile, Peru, Equador e Venezuela), encontrando-se com centenas de seguidores. Em 1975, volta à Venezuela e visita a Guatemala. O objetivo dessas visitas era o de fortalecer a fé de seu rebanho ante o caos e a indisciplina em que o concílio teria lançado a Igreja. Falece nesse mesmo ano, em 26 de junho, de morte súbita, em seu quarto de trabalho, ao voltar de uma terlúlia num centro da seção feminina. Nesse momento, pertencem ao Opus Dei cerca de sessenta mil pessoas.

Pouco depois, em 15 de setembro, Álvaro del Portillo é eleito sucessor do fundador do Opus Dei e reafirma solenemente que tudo na Obra está devidamente esculpido e definido. E mais: lança uma famosa maldição sobre aquele que se atrever a mudar qualquer coisa na instituição. Portillo será sempre a "sombra" do fundador a quem todos na Obra são convocados a considerar um santo canonizável.

O trajeto jurídico do Opus Dei prossegue. Em 1982, João Paulo II erige o Opus Dei em prelazia pessoal e nomeia Álvaro del Portillo como prelado. O mesmo João Paulo II ordena bispo dom Álvaro del Portillo, em 1991.

Em 1992, Josemaría Escrivá é beatificado. É bem conhecido o escândalo que essa beatificação causou em todo o mundo. A imprensa mundial e também a brasileira questionaram seriamente a lisura do processo. Para que o leitor possa avaliar o nível de argumentação, baste-nos aqui remeter a um documento[5] no qual os juízes da causa de Escrivá explicam por que se recusaram a ouvir diversas importantes testemunhas: "Porque têm uma atitude de aversão ao Opus Dei e não duvidam em a transferir ao Servo de Deus [Escrivá]". E, além disso: "Assinaram uma carta coletiva contra o Opus Dei no *Diario de Barcelona* de 30 de janeiro de 1977 e que foi reproduzida depois em outros órgãos de opinião e em revistas de caráter sensacionalista ou de inspiração marxista". E para concluir a argumentação: "Os subscritores de tal carta são pessoas que pertenceram ao Opus Dei e depois abandonaram sua vocação. E são todos mulheres...".

Dois anos depois, em 23 de março, falece dom Álvaro del Portillo. Seu sucessor será Javier Echevarría, antigo colaborador de Josemaría Escrivá. Em 1995, o novo prelado do Opus Dei é elevado ao episcopado.

Em 2002, no dia 6 de outubro, o papa João Paulo II canoniza Josemaría Escrivá, como que levando a seu termo um longo processo de aceitação do Opus Dei dentro da estrutura eclesiástica.

Essa ascensão decidida dentro da Igreja, num esforço de conquista não só de um lugar ao sol, mas de uma presença espiritual poderosa e incontestável, foi acompanhada por uma expansão territorial para além da Espanha, desde o final da Segunda Guerra, para os seguintes países, citados aqui em ordem cronológica: Portugal, Itália, Grã-Bretanha, França, Irlanda, México, Estados Unidos, Chile, Argentina, Colômbia, Venezuela, Alemanha, Guatemala, Peru, Equador, Uruguai, Suíça, Brasil, Áustria, Canadá, Japão, Quênia, El Salvador, Costa Rica, Holanda, Paraguai, Austrália, Filipinas, Bélgica, Nigéria, Porto Rico, Bolívia, Zaire, Costa do Marfim, Honduras, Hong Kong, Cingapura, Trinidad-Tobago, Suécia, Taiwan, Finlândia, Camarões, República Dominicana, Macau, Nova Zelândia, Polônia, Hungria, República Tcheca, Nicarágua, Índia, Israel, Lituânia, Estônia, Eslováquia, Líbano, Panamá, Uganda, Cazaquistão, África do Sul, Eslovênia e Croácia.

Uma expansão prodigiosa, realizada à força de muita determinação, competência e senso de organização. Pois este é um traço característico da atuação do Opus Dei: a vontade orientada para obter resultados. Se se trata de realizar a expansão mundo afora, ela se realizará, doa a quem doer. Pragmatismo "espiritual" invejável. A vontade de Deus, para os membros do Opus Dei (ou o que se supõe ser vontade de Deus, e nisso a Obra se elege a única instância capaz de julgar o que Deus lhe pede), precisa ser secundada – e será secundada – por uma forte vontade humana.

Note-se que também contra a canonização de Escrivá levantaram-se muitas vozes autorizadas. Quem lê *Tras el umbral; una vida en el Opus Dei* [Atrás do umbral; uma vida no Opus Dei][6], de María del Carmen Tapia, fica se indagando onde foi parar a figura do advogado do diabo. (No final do capítulo 8 nos é dada uma horripilante amostra dos dados que não foram considerados no processo[7].) Recordando, por exemplo, seu caráter terrível – e escolhemos este trecho porque nenhum membro da Obra que tenha convivido com Escrivá poderá, honestamente, negar o que nele se recolhe –, a autora diz:

> Todos os membros da Obra conhecem muito bem as "broncas" do Padre. Eu diria que faltava a monsenhor Escrivá, em sua incoerência, o mais elementar sentido de caridade: ele sabia muito bem como mostrar sua faceta de santo ante as multidões, inclusive dizendo-se pecador, mas, como digo, era capaz de insultar uma pessoa qualquer, da maneira mais terrível, por motivos mínimos: por exemplo, se um ovo frito não estava feito do modo como ele gostava, ele podia dar uma bronca na diretora da casa; se um pano do altar não estivesse exatamente aos centímetros do chão que ele tinha estipulado, ele era capaz de explodir com a diretora; como também se na cozinha houvesse barulho ao lavar as panelas etc., etc. E, ainda por cima, no diário da casa não se podia escrever: "O Padre ficou chateado e deu uma bronca", mas tínhamos que dizer: "O Padre hoje nos ensinou tal ou tal coisa". Uma das melhores definições que ouvi sobre o caráter de monsenhor Escrivá é a de Alberto Moncada, quando diz que o Padre "é encantador, grato e persuasivo quando se está a seu favor. E intolerante, intratável e grosseiro quando não se aceitam seus critérios"[8].

Cabem aqui as considerações que um leitor enviou ao *site* Opuslivre:

"Recomendo a todos assistirem ao filme *A queda; as últimas horas de Hitler*. Na insuperável interpretação de Bruno Ganz, apresenta-se um Hitler humano, real, com seus momentos de ternura, solícito com as secretárias, amado pelas crianças... Mas, quando ele estava 'atacado' (e bastava uma má notícia ou uma contrariedade, ou simplesmente a fase da lua para ele ficar atacado), sai de baixo [...]. Igualzinho ao Escrivá em termos de temperamento: um líder carismático, com uma 'missão' grandiosa, absolutamente infalível, cultuado por seus fiéis etc. e, de repente, sem aparentemente motivo proporcional, explosões de desequilíbrio, broncas furiosas etc.

Assim como a Pilar Urbano escreveu *O homem de Villa Tevere*, mostrando o lado humano, carinhoso etc. do Escrivá, poder-se-ia também perfeitamente escrever um *O homem do Wolfsschanze* (toca do lobo), totalmente baseado em fatos verdadeiros (devidamente pasteurizados, é claro). Mas o filme não só retrata exatamente como era o Escrivá; retrata também as reações, totalmente servis, dos colaboradores mais próximos, e aí também vale a analogia. Que fique bem claro: não estou dizendo que Escrivá era nazista (o que é perfeitamente possível, pois para a Espanha católica franquista da época, Hitler representava a salvação da civilização cristã), mas que o filme, baseado no relato da secretária, apresenta um modelo perfeito do Escrivá e de sua corte. Quando um amigo, também ex-numerário, me contou que o padre T., sacerdote numerário bem mais velho, em um de seus momentos de independência, recebeu uma violenta podada por ter narrado numa meditação interna suas lembranças do tempo em que esteve em Roma, no governo central da Obra, em convívio diário com Escrivá nos seguintes termos: 'Quando Nosso Padre estava bem, a vida era muito agradável; quando estava alterado, era *difícil*', pareceu-me totalmente plausível. Quem quiser uma imagem completa do Escrivá e sua corte, assista ao filme" (*E.*).

Assim se compreende a preferência do governo da Obra por nomear diretores insensíveis e arrogantes, que praticam a "pedagogia da bronca"[9]: tal *padre*, tal filho...

As classes de membros do Opus Dei

Os membros do Opus Dei são classificados basicamente em numerários e supernumerários.

Não pense o leitor que o candidato a membro do Opus Dei escolhe o tipo de membro que quer ser. Essa escolha é feita previamente pelo governo da instituição, de acordo com os interesses desta e com o perfil do candidato.

Os *numerários* formam a elite da instituição. São os membros que, regra geral, moram nas casas da instituição, comprometendo-se, perante ela, a observar o celibato, a pobreza pessoal e a obediência irrestrita aos superiores. Espera-se que assumam os fins corporativos da prelazia e vivam exclusivamente para realizá-los. Exige-se, como pré-requisitos para que um rapaz se torne membro numerário, que possua um mínimo de capacidade intelectual – o suficiente para que curse uma faculdade –, um mínimo de sociabilidade; uma aparência razoavelmente apresentável. A obrigação da pobreza pessoal implica na abdicação total do membro a constituir qualquer patrimônio. Toda receita auferida pelos numerários, seja advinda do trabalho profissional, seja de qualquer outra fonte, deve ser entregue aos cofres da instituição, sem que haja a menor possibilidade de reavê-la. O fato de morar no centro potencializa também a obediência do numerário, que deve consultar e obter permissão do diretor para mil aspectos da vida: desde, digamos, aceitar ou não uma proposta de emprego, até pequenos detalhes como fazer ou não uma visita informal a um amigo, a compra de um livro indicado por um professor, ou mesmo jogar duas horas de futebol no domingo... Já o trato com pessoas do outro sexo é regulamentado por uma série de prescrições internas como: nunca se deve ficar a sós com alguém do sexo oposto; não se aceitam caronas; não se fazem visitas a colegas; não se escrevem cartas nem *e-mails* nem se telefona (em todo o caso, se se trata de um assunto profissional, o contato será feito dentro da mais fria objetividade, sem tratar a pessoa por apelidos, diminutivos etc.); enfim, deve-se "evitar a ocasião"...

Os *supernumerários* são os membros que não moram nas casas da instituição. Não assumem a obrigação do celibato e podem ter patrimônio próprio. Se já não estão casados quando se tornam membros da instituição, são incentivados a fazê-lo. O que o Opus Dei espera para a vida dos supernumerários é que constituam uma família com muitíssimos filhos e que os orientem para que se tornem também membros da prelazia. Em São Paulo, por exemplo, há famílias de supernumerários com cerca de 10, e até 13 filhos. Os supernumerários contribuem financeiramente com a instituição, segundo o critério indicado, "como se esta fosse um filho a mais".

Os *adscritos* são membros que assumem as mesmas obrigações que os numerários, deles diferindo apenas quanto ao fato de não morarem nas casas da instituição.

Os *adjuntos* são os numerários mais jovens, que ainda não moram nas casas da instituição; grande parte deles tem menos de 18 anos de idade.

Os *sacerdotes numerários* são os numerários que, a critério exclusivo dos governantes da instituição, são ordenados padres.

Há ainda os *cooperadores*, ou seja, pessoas que não são membros do Opus Dei, mas que colaboram financeiramente com a instituição. Nesta classe admitem-se inclusive pessoas não-católicas, basta que dêem dinheiro para a Obra.

A seção feminina, no tocante às variantes de membros, segue basicamente a mesma organização da seção masculina, incluindo apenas uma diferença importante: a existência de numerárias auxiliares.

As *numerárias auxiliares* são as mulheres que se ocupam exclusivamente do serviço doméstico dos centros. Nesse caso não há, naturalmente, necessidade de curso superior. Dedicam-se integralmente à instituição, limpando os centros, lavando as roupas de outros membros, cozinhando, lavando a louça, etc., prestando serviço a ambas as seções, masculina e feminina. Fazem, assim, todo o tipo de trabalho necessário para a manutenção de uma vida confortável, no aspecto material, nas casas do Opus Dei. Geralmente são recrutadas mulheres jovens de regiões pouco favorecidas economicamente para que dediquem suas vidas – "vocacionalmente" condicionadas pela pobreza, castidade e obediência – a lavar, limpar e cozinhar para os numerários dos centros da Obra.

No Opus Dei existe uma total separação física entre as seções masculina e feminina. O fundador dizia, referindo-se a elas, que "se encontram a cinco mil quilômetros de distância" uma da outra. Mas não há uma total autonomia de governo em cada seção: a feminina está subordinada, nas esferas mais altas de governo, aos governantes da seção masculina.

Apesar da separação dos "cinco mil quilômetros de distância" entre ambas as seções, numerárias auxiliares e numerários residem na mesma casa. Porém, nessas casas as áreas internas são separadas, com saídas distintas para a rua; a área das numerárias auxiliares comunica-se com a área dos numerários por apenas uma porta; somente o diretor do centro e a diretora das auxiliares têm as chaves dessa porta (as fechaduras são diferentes de cada lado da porta); em determinados horários, previamente combinados, os numerários devem desocupar as áreas do centro para a limpeza, de forma a evitar o encontro entre eles e as auxiliares; as numerárias auxiliares, sempre usando seus uniformes de mangas compridas e saia abaixo dos joelhos, só são vistas enquanto servem as refeições; numerários e numerárias auxiliares não sabem os nomes uns dos outros e nunca dirigem a palavra uns aos outros; toda a comunicação sobre o atendimento da casa é feita entre o diretor e a diretora (cujo rosto é ignorado pelo diretor) por meio de um telefone interno.

Do *site* Opuslibros, recolhemos trechos do depoimento de uma jovem que foi numerária auxiliar:

"Ir descobrindo o que era a minha situação de numerária auxiliar finalmente começou a me afetar. Nunca tinham me falado das responsabilidades e compromissos de uma numerária auxiliar. Somente me diziam que numerárias auxiliares e numerárias eram a mesma coisa, só o nosso trabalho é que era diferente. Comecei a perceber que minha vida dentro do Opus Dei ia consistir em longas e duras horas de trabalho, sem um mínimo sequer de vida social. E, além disso, ficou claro que não éramos, de modo algum, iguais às numerárias.

Havia, antes de mais nada, diferenças materiais entre as duas classes. As numerárias usavam roupas caras, enquanto as numerárias auxiliares usavam uniformes por baixo de um avental branco. As numerárias auxiliares podiam usar roupas 'normais' quando saíam do centro, mas, em geral, eram roupas de segunda mão, baratas ou vulgares. As numerárias comiam em refeitórios diferentes e a qualidade da comida era muito melhor; nós comíamos os restos. As numerárias eram servidas por numerárias auxiliares vestidas com um uniforme de mangas compridas, de gola branca engomada, punhos e avental. As numerárias tinham também melhor qualidade de roupas de cama e jogos de mesa, louça e móveis.

Nossos quartos e banheiros também eram diferentes. As numerárias, normalmente, tinham quartos individuais, enquanto nossos quartos e banheiros eram coletivos. [...]

As numerárias auxiliares não podiam nunca estar sozinhas. As numerárias tinham sempre que nos acompanhar onde quer que fôssemos, dentro ou fora dos centros. Não podíamos possuir nem ter acesso a nenhum dinheiro; eram as numerárias que pagavam nossas compras por nós. [...]

Há muitas numerárias auxiliares em todo o mundo que vivem experiências muito semelhantes às que eu contei. Causa muita pena ver que os direitos humanos dessas mulheres estejam sendo violados pelas atitudes e regras do Opus Dei. [...]

Sei de muitas mulheres infelizes e perturbadas que ainda permanecem no Opus Dei, dando tudo por essa organização. Pessoalmente testemunhei a automutilação de algumas dessas pessoas e ainda posso escutar seu choro sufocado durante a noite. A depressão e transtornos na alimentação eram coisa habitual. Algumas numerárias auxiliares que, por razões físicas, não podiam trabalhar mais, foram expulsas sem nenhuma explicação, sem dinheiro ou casa para onde ir[10]".

Como se fabrica um numerário

Tudo começa num belo dia em que o governo nacional da Obra, pressionado por Roma (o prelado atual, dom Javier Echevarría, tem insistido recentemente que quer em cada país quinhentas vocações), decide, por sua vez, pressionar os diretores dos centros em busca de números (tudo no Opus Dei é quantificado: números de pessoas que vão aos meios de formação, quantidade de quotas de venda de livros e de quotas de doações em dinheiro, jaculatórias que uma pessoa se propõe a dizer durante um dia... e até "vocações").

O diretor repassa a lista de "rapazes de são Rafael"[11] de seu centro para a Comissão Regional, que é o órgão de governo da Obra geralmente coincidente com os limites de um país. A "vocação" vai ser definida de maneira fria e pragmática: "Muito bom... a quem poderíamos falar para 'apitar' este semestre?". O critério é pura e simplesmente operacional. "Ora, vamos falar com aqueles que temos!" Essa é a razão, diga-se de passagem, pela qual vários rapazes de são Rafael que vão ao centro regularmente durante anos a fio, e sempre foram desprezados, de repente, devido à escassez de "matéria-prima", tornam-se candidatos para a vocação.

A pressão continua. O diretor do centro vai conversar com o numerário Miguel[12] – que "trata" o "vocacionado" Rafael –, propondo-lhe que faça com que o Rafael apite. Por ordem do diretor, também padre Pedro (nome fictício para o sacerdote numerário que atende a meia hora de direção espiritual semanal do Rafael) entra no jogo: Miguel e padre Pedro começam simultaneamente a enviar indiretas ao vocacionado ("Deus tem Seus planos"; "Deus está precisando de apóstolos"; "Todo o mundo tem uma vocação, um chamado para servir a Deus, você já pensou nisso...?" etc.). Miguel começa a dedicar 10 a 15 minutos para fazer oração mental junto com Rafael, lendo em voz alta, para que ele medite em silêncio, textos extremamente "sutis", como os do capítulo "Chamamento" do livro *Caminho:*

902. Por que não te entregas a Deus de uma vez, de verdade, agora!?

903. Se vês claramente o teu caminho, segue-o. Por que não repeles a covardia que te detém?

904. "Ide, pregai o Evangelho... Eu estarei convosco..." Isto disse Jesus... e disse-o a ti.

905. O fervor patriótico – louvável – leva muitos homens a fazer da sua vida um "serviço", uma "milícia". Não esqueças que Cristo tem também "milícias" e gente escolhida a seu "serviço".

906. *Et regni ejus non erit finis*, "o seu Reino não terá fim!" Não te dá alegria trabalhar por um reinado assim?

Para que Rafael chegasse a esse ponto, foram necessários alguns meses de "trato". A história típica do Rafael é a do rapaz de 15 anos que foi "conhecer o centro", levado por um amigo ou colega, para fazer um curso ou uma atividade qualquer que serve como "isca" inicial: por exemplo, os famosos Programas de Iniciação Científica (PICs), ou Programas de Orientação Científica (POCs), Cursos de Técnicas de Estudo etc., nos quais numerários formados ou pós-graduandos "orientam" jovens do ensino médio ou da última série do ensino fundamental e os introduzem no mundo da pesquisa científica...

Até aí, nada de Opus Dei.

No centro, o Rafael encontra um ambiente sério (não se pode, por exemplo, entrar de bermuda e, para os que assim chegam, com o "pelame à mostra", como dizia certo sacerdote numerário português, há um estoque variado de calças compridas para emprestar, a fim de que, devidamente vestido, o rapaz adentre a casa do Opus Dei). O possível novo freqüentador encontra um ambiente com gente simpática (simpatia um tanto afetada), que sorri para ele e se interessa imensamente por saber quem é Rafael ("Rafael, onde você estuda? Onde você mora? Quais são seus *hobbies*" etc.).

Se o *hobby* do Rafael for astronomia, dentro de poucos dias ele encontrará diversos numerários (ele ainda nem suspeita o que é ser um numerário) interessadíssimos nesse assunto, talvez até fundem um "grupo de astronomia" no centro, ou organizem um passeio ao planetário, ou uma excursão para observar estrelas e cometas... Enfim, é a "imersão de amor", tal como praticada na seita Moon... Mais tarde, quando Rafael for numerário, ou usará a mesma astronomia para atrair outros "rafaéis", ou lhe dirão que a abandone, porque é um *hobby* que só contribui para que o numerário perca tempo...

Mas, na fase em que começa a freqüentar o centro, a astronomia de Rafael é a coisa mais importante deste planeta e de outros! Rafael está felicíssimo! Finalmente encontrou gente que o compreende mesmo. Esses "caras tão legais" lhe dão um ibope que ele jamais teve em casa ou no colégio (até o convidaram para falar numa tertúlia especial sobre "As últimas descobertas da astronomia", e o melhor é que todos o ouviram muito atentos, inclusive gente que está concluindo mestrado e doutorado na USP!!!).

Como na Obra tudo se calcula na base do custo-benefício, o numerário Miguel, que foi escolhido pelo diretor para "tratar" Rafael, vai pedir que o jovem "corresponda", e o convida para assistir a uma palestra. Só que não é uma palestra sobre astronomia. É uma palestra do padre Pedro. ("Sabe, Rafael, o centro aqui, além de toda essa atividade científica e cultural, também tem uma parte de atendimento espiritual, de doutrina cristã: sei lá, para você crescer como pessoa... E o padre Pedro – vou te apresentar, ele é gente fina! Ah, é palmeirense também –, ele dá uma palestra semanal, meia horinha, para todo o mundo aqui, é muito legal, você vai gostar!")

Já estamos começando o famoso "plano inclinado"[13]... Rafael irá subindo (ou "sendo subido"...) por ele: meditação, conversa com o sacerdote, visita aos pobres de uma favela (para que ele se sinta um egoísta), retiro num final de semana, recolhimento mensal, convívio num feriado prolongado, romaria no mês de maio etc. Em algum ponto dessa subida, Rafael se confessou com o padre Pedro, e sua alma se encheu de alegria com o perdão de

Deus. No retiro, viu a coerência e a beleza do catolicismo, mas não aquele catolicismo da paróquia, apenas a coerência do catolicismo do Opus Dei (aliás, pensando bem, o catolicismo de verdade é o do Opus Dei, esse é o recado subliminar que lhe passam no centro).

Rafael está em lua-de-mel com o Opus Dei quando o diretor do numerário Miguel manda que este diga a Rafael que chegou o chamado "da parte de Deus" para entrar para a Obra. O sacerdote, o mesmo que o resgatou da lama, lhe diz da parte de Deus que ele, Rafael, só será realmente feliz na terra e no céu se "corresponder" ao chamado de Deus para ser numerário, vivendo o celibato apostólico, numa entrega total a Cristo. O numerário que o "trata" continua bombardeando: "Estou rezando por você"; "Cristo vai te dar o cento por um e a vida eterna"; "O papa ofereceu a sua vida por Cristo e pela Igreja, e você fica aí hesitando...".

Rafael, querendo corresponder com generosidade (embora não saiba o conteúdo concreto dessa entrega total que lhe pedem), vê uma lógica interna nisso tudo e para ele a vocação é vivida por gente "normal", como os numerários que ele vê no centro. Afinal, por que não? Da astronomia ao céu, tudo faz sentido. O próximo passo será conversar com o diretor do centro, que talvez até faça certo "jogo duro", a fim de que Rafael pense que vai ter de bater à porta muitas vezes até que a Obra o aceite. O restante da história encontra-se em vários depoimentos, alguns dos quais recolhidos neste livro.

E os supernumerários?

Em nossas pesquisas, por força de termos sido numerários, focalizamos com freqüência este tipo de membro da Obra. Como já dissemos, os numerários são os leigos celibatários que dão impulso à expansão, que se dedicam às tarefas internas, em suma, que mantêm a "máquina" em funcionamento. E, embora o discurso oficial diga que todos os membros da Obra, celibatários ou casados, são iguais... na prática o supernumerário sente-se um membro de segunda classe dentro da instituição, conforme o ponto 28 de *Caminho*: "O matrimônio é para os soldados e não para o estado-maior de Cristo".

Para traçar um breve perfil do supernumerário, é relevante deixar bem explicitado que o principal objetivo do Opus Dei é crescer ("fazer a Obra, fazer o Opus Dei, sendo tu mesmo Opus Dei"...) e que o membro da Obra pensa – sinceramente – que esse é o maior desejo de Deus.

Ora, para crescer, um de nós pode apresentar às pessoas uma doutrina maravilhosa; uma vez ingressado, fisgado o novo membro, inicia-se, porém, o plano inclinado que, percorrido ao longo de alguns anos, levará esse membro, sem que ele o perceba, a se ver instalado num mundo no qual a interpretação produziu o avesso daquela doutrina inicialmente apresentada: em vez de amar a Deus, uma rotina de deveres de piedade; em vez de amar o mundo, uma convergência para a mentalidade conventual; em vez de liberdade e espontaneidade, regrinhas e mais regrinhas.

Com os supernumerários, a formatação é mais lenta e menos profunda, embora não menos prejudicial. Se o numerário está imerso nesse meio, pois mora nos centros da Obra e é destinado a reproduzir a ideosfera que nela se respira (o que supõe respirá-la diuturnamente), o supernumerário (por suas circunstâncias pessoais, por ser, em geral, casado e estar morando, obviamente, em sua própria casa) recebe os meios de formação/formatação apenas uma vez por semana quando vai ao Círculo de Estudos – reunião semanal, com duração de uns cinqüenta minutos, que consiste em: leitura e comentário do evangelho do dia, palestra sobre alguma das dezenas de normas do Opus Dei, palestra sobre algum tema de interesse da prelazia, reunião para cobrar o cumprimento das metas apostólicas, isto é, saber quantos cooperadores foram aos círculos ou, se é a temporada, cobrança das metas de venda de livros da Quadrante (metas de obtenção de dinheiro para a Obra, leia-se: Obras Sociais Universitárias e Culturais-Osuc; Ação Cultural Educativa e Social-Aces; Associação Feminina de Estudos Sociais e Universitários-Afesu; etc.).

Osuc e as siglas citadas são associações criadas por membros do Opus Dei para angariar recursos supostamente dedicados à promoção de ações culturais, educativas e sociais, entre as quais (recorrendo-se a uma "ampliação semântica" típica da conduta ambígua do Opus Dei) se encontra o sustento da própria Obra e de sua atividade proselitista.

Os círculos ocorrem num dia da semana, por exemplo, todas as segundas-feiras, às 19 horas (em "Apêndice A", ao final deste livro, oferecemos, para quem tem a curiosidade de *voyeur*, também um círculo completo, fidedignamente reproduzido por Augusto T. P.). O supernumerário aproveita esse dia para se confessar com o sacerdote da Obra e, quinzenalmente, para ter a direção espiritual com o numerário encarregado de atender a sua conversa fraterna.

Aqui tocamos o ponto explosivo da relação entre o supernumerário e o Opus Dei. Trata-se de uma conversa de "direção espiritual", na qual o supernumerário deve abrir a alma de modo muito mais completo do que, digamos, um católico normal o faz na confissão com o seu pároco e contar todas as suas tentações e dificuldades relativas à fé, à pureza e à vocação, se cumpriu ou não a pesada agenda de atividades espirituais do Opus Dei, que penitências (mortificações) fez, que amigos está tentando atrair para as atividades da obra (os recolhimentos mensais, sobretudo), como vai sua vida matrimonial e a educação dos filhos.

O numerário que o atende, que lhe dá essa suposta direção espiritual (para fazê-lo, deveria ser um mestre em vida interior e nem sempre é o caso, pois foi formado para ser um burocrata da espiritualidade), é celibatário (a imensa maioria apitou virgem) e, além disso, *não* tem o menor preparo específico para opinar sobre realidades tão delicadas como moral conjugal, ou tão sérias e complexas como educação dos filhos...

No entanto, o supernumerário – por ser supernumerário – assumiu o compromisso perante Deus de obedecer ao numerário. Do supernumerário se exige sinceridade total e obediência estrita aos conselhos que o numerário der! Se ele tiver a sorte de ser atendido por um numerário com algum bom senso e humildade (e, se tiver esse bom senso, muitas vezes dirá ao supernumerário: "Meu amigo, 'te vira', nesse caso você saberá melhor do que eu o que deve fazer"), menos mal. Agora, se o numerário não tiver bom senso, se for arrogante e presunçoso (e o posto de diretor convida a maioria a adotar essa postura), então o material explosivo vai explodir mesmo.

Como o numerário não sabe ao certo o que deve dizer para certos problemas bem concretos e, por outro lado, não quer errar nem pode demonstrar hesitação (afinal... ele tem a graça de estado para orientar... é um cego tentado a guiar alguém que vê...), optará pelo caminho mais seguro: nunca poderá aconselhar a limitação do número de filhos, por exemplo; deverá repetir a doutrina do fundador: cada casal deve receber com alegria todos os filhos que Deus enviar; pode tolerar em silêncio (mas nunca aconselhar) espaçamento de gravidez (e sempre com métodos naturais, de preferência, asceticamente, a abstenção do coito); e jogará em cima do supernumerário toda a moral conjugal vista pelo rígido viés do Opus Dei.

Os numerários que dirigem supernumerários não têm preparo teórico-prático específico para lidar com esse tema e só descobrirão algumas respostas um pouco mais apropriadas em casos extremos, quando se virem obrigados a consultar um sacerdote mais velho (e, se além de mais velho, for uma pessoa com os pés no chão), cuja experiência como verdadeiro diretor espiritual dará ao inexperiente numerário as "dicas" que ele nem imagina existirem...

De resto, fica tudo realmente por conta da inexperiência do numerário diretor: ao ouvir os problemas por vezes "cabeludos" que o pobre supernumerário traz em sua agenda (na ânsia de encontrar na Obra uma orientação cristã segura), o numerário costuma dar, com rapidez e empáfia, conselhos genéricos, de fazer inveja ao Conselheiro Acácio[14]: "Você, como pai, tem que conseguir que seus filhos adolescentes voltem das festas em horário razoável..."; "Você, como pai, tem que conseguir que seus filhos tenham diversões sadias..."; "Televisão, só o mínimo necessário, hein?!"; e assim por diante.

O supernumerário, num esforço de humildade e entrega, engolindo em seco muitas vezes, com o máximo de boa vontade, anota esses conselhos (afinal, são conselhos provenientes nada menos do que de Deus, do qual o numerário é uma espécie de oráculo), mas no fundo sabe que são conselhos inaplicáveis...

Enquanto estamos em generalidades, menos mal. Um supernumerário com jogo de cintura ainda terá espaço mental para interpretar essas frases genéricas e aplicar, contando com a ajuda de Deus e com a virtude da prudência, o remédio certo para os problemas concretos, problemas reais que o numerário não toca nem com o dedo mindinho. O realmente problemático é quando o diretor se empolga e começa a impingir todos os critérios da Obra, e o supernumerário docilmente se vê na obrigação de aceitá-los sem discussão. Se o supernumerário levar a sério a lista de restrições e exigências que a Obra tem pronta para santificar uma pessoa... todo o sistema de vida familiar se altera ou mesmo se desestrutura:

- "Férias na praia, nunca mais, só em praias 'decentes'" [que, segundo os critérios do Opus, são praticamente inexistentes para quem não é muito rico].
- "Se um dos seus filhos já casado se divorciou e está vivendo com uma companheira, você não deve ir à casa desse pseudo-matrimônio".
- "Você deve, em nome de Deus, matricular os seus filhos no Colégio Catamarã[15] e conseguir matrículas de filhos de casais amigos".

- "Televisão em casa, só sob chave!". [Ou na forma mitigada: só se liga, se se sabe com antecedência a que programa vamos assistir. Esse conselho, por exemplo, baseia-se na prática vivida nos centros dos numerários. Nos raríssimos programas assistidos dentro das casas da Obra, ante a menor insinuação de uma cena "inconveniente", o diretor presente (o controle remoto monopolizado em suas mãos) muda de canal sem perguntar nada a ninguém... ou, como costuma acontecer em determinado centro em São Paulo, o diretor se levanta e tampa a tela da TV com seu corpo até que passe a cena de uma mulher "malvestida" ou a de um inocente coito no documentário que mostra a vida dos rinocerontes na África! Não se trata de caricaturas!]
- "Cinema e teatro, só consultando o diretor: para não assistir a espetáculos com cenas (ou teses) inconvenientes...". [Como o diretor, sendo numerário, não pode ir ao cinema nem ao teatro, a resposta à consulta pode demorar indefinidamente...]
- "Leitura de livros, outro problema... A escola do seu filho quer que ele leia José Saramago? Não permita. Reclame na escola. E está aí mais um motivo para você matriculá-lo no Colégio Catamarã...".
- "O jornal deve ser previamente censurado e recortado pelo pai/mãe supernumerário/a. Ou então cole em cima da foto 'inconveniente' um outro pedaço de jornal".
- "Internet? Só com o *We-Blocker* (filtro desenvolvido por um supernumerário)". [Esse programa teoricamente filtra toda a pornografia na internet. Contudo, por ser um programa, não possui discernimento e, na realidade, é tecnicamente impossível filtrar imagens pornográficas. Pena que o Opus Dei não confie no único filtro realmente eficaz: a liberdade responsável...]

Além de ter de obedecer a todos esses (e tantos outros) critérios sobre vida familiar e educação dos filhos, o supernumerário deverá se ausentar dez dias por ano para retiro e convívio, e contribuir economicamente com a Obra. Sem falar na necessidade de, com maior ou menor sutileza, encaminhar seus filhos aos clubinhos e centros da prelazia (em que a separação dos sexos é norma inquestionável), cuja finalidade é unicamente preparar o caminho (levemente inclinado) para que essas crianças e adolescentes, moldados desde cedo, se tornem novos numerários, se possível desde os 15 anos de idade. Esses numerários que já nascem dentro do clima rarefeito da Obra, sem real contato com a vida, disseminarão no futuro, entre outras famílias cristãs, idéias e comportamentos que transformarão esses lares em lugares tristes e sombrios.

O *site* Opuslivre recebeu o depoimento de um filho de supernumerários, que, malgrado os esforços de seus pais para mantê-lo no "bom caminho" (o caminho de Escrivá, naturalmente), conseguiu evadir-se da ideosfera opusdeística:

"Gostaria de relatar um pouco de como é a vida de uma pessoa que sempre viveu rodeada da 'filosofia de vida' (se é que pode ser chamada dessa forma) do Opus Dei e de como ela influencia a vida das demais pessoas.

Nasci num berço católico com pais, avós e tios todos fiéis à Igreja e a Deus. Minha educação foi sempre baseada nos princípios morais cristãos e na doutrina da Igreja Católica. Até aí existem diversos iguais a mim; entretanto, o pequeno diferencial dessa educação é que sempre existiram toques da 'excelente' forma de conduzir uma família proposta pelo Opus Dei.

Filho de supernumerários sofre. Sofre quando não quer participar de eventos propostos pela Obra. Sofre quando não quer ir ao centro assistir a uma palestra, ir a um retiro ou convívio. E sofre pelo simples fato de não querer partilhar da mesma ideologia dos pais e querer viver a vida de uma forma diferente e independente. Filho de supernumerários sofre quando pede dinheiro aos pais para fazer uma viagem com os amigos, e lhe é negado. Sofre quando pede dinheiro para sair e fazer um programa saudável e sem nenhum mal, como ir ao cinema, e lhe é negado. Agora, quando o filho pede dinheiro para fazer um convívio, ir a um retiro, fazer um passeio dito cultural, para dar ao centro como ajuda, aí sim não há problema. Aí o pai supernumerário abre a mão, paga até à vista um convívio de cinco dias, gastando uma quantia que é muito maior comparada à que outrora fora solicitada.

Gostaria de entender um pouco melhor qual é a 'função' de um supernumerário dentro da Obra. Sei que ele responde diretamente ao seu diretor, faz tudo o que lhe é mandado e segue à risca todas as recomendações. Mas uma coisa que sempre me intrigou foi o fato de esses diretores darem pitacos no modo como o supernumerário deve conduzir o andamento da família. Como alguém que nunca foi casado, não tem filhos, sempre viveu num ambiente de homens sem um relacionamento mais estrito com alguma mulher, sem a menor experiência em vida conjugal e no trato de filhos, pode dar algum palpite, sugestão e mesmo imposição no modo como deve ser conduzido o dia-a-dia de uma família, seja ela numerosa ou não?

Algumas coisas que descobri ao longo do tempo foi que o supernumerário deve dar uma parte do seu salário para o Opus Dei como forma de colaboração. Isso procede? Existe um percentual fixo ou depende da generosidade (leia-se da capacidade de persuasão do diretor) de cada um? Como um pai supernumerário, que se nega a dar um pouco do que é seu aos filhos, se abre totalmente e entrega quantias consideráveis nas mãos de uma instituição onde ele nem sabe bem o que irão fazer com o seu dinheiro. Isso é algo que sempre me revoltou e sempre fui contra.

Não sei se existem ex-supernumerários aqui no *site*. Nem sei também se essa é uma coisa muito comum de se ver já que os problemas que muitos numerários vêm reportando aqui não se aplicam a essa categoria dentro da Obra. Entretanto gostaria que algum ex-supernumerário, que por acaso leia este breve depoimento, pudesse clarear um pouco minha cabeça a fim de entender melhor esse mundo que eles vivem. Às vezes penso que eles estão totalmente alienados da realidade. Centralizam suas vidas num círculo que se resume a trabalho, centro, igreja, colégio da obra (leia-se: Catamarã) e só. Vivem numa bolha de vidro, num rol de amizades consideradas as melhores, as mais corretas, são 'os bons'. Quem não faz parte do clubinho de amigos ou não se mostra disposto a colaborar com a Obra é visto com desprezo e até falta de caridade. Tentam o tempo todo conseguir mais gente a fim de colaborar com a Osuc, assinar o Círculo de Leitura, dar uma passadinha na Pedreira [um colégio da Obra – perdão: da Osuc! – na carente zona sul de São Paulo, que serve de isca para arrecadar contribuições] e outros meios de angariar fundos para o crescimento da Obra (que, por sinal, já não se expande há algum tempo pelo Brasil).

Enfim, minha idéia aqui era escrever um pouco mais sobre como vivem os filhos de supernumerários numa família em que o Opus Dei já está enraizado há duas gerações. Tentei expor alguns dos aspectos que acho que fazem com que a vida e o relacionamento entre pais e filhos sejam prejudicados. O ponto a que quero chegar é que muitos relacionamentos problemáticos entre filhos de pais supernumerários são culpa da Obra. É culpa dela por inculcar na cabeça do membro que o mundo é um antro de gente ruim, que a vida mundana nos afasta de Deus e que a vida longe da Obra não traz felicidade. É mentira! A única verdade nisso é que, ao levar o supernumerário a pensar e a agir desse jeito, só fará com que os filhos se afastem cada vez mais deles" (*Dimitry*).

A seção feminina

As seções feminina e masculina do Opus Dei são basicamente semelhantes. A diferença está em que a seção feminina possui uma variante da classe das numerárias – as numerárias auxiliares. Além disso, há apenas umas nuances diferentes, algumas ligadas aos preconceitos do fundador contra as mulheres, como o expresso no ponto 946 de *Caminho*: "Se quereis entregar-vos a Deus no mundo, mais do que sábios (quanto a elas, não é preciso serem sábias; basta que sejam sensatas), tendes que ser espirituais etc.". A pedido dos autores, A. C., que foi numerária por longos anos, relembra alguns pontos da vida das numerárias:

"As numerárias dormem na tábua todos os dias. Tomam banho frio todos os dias e dormem sem travesseiro uma vez por semana.

Ao contrário dos homens, são proibidas de ir a casamentos, pois o Opus Dei julga que uma ocasião como essa pode colocar em risco a vocação. Isso porque, segundo o Opus Dei, as mulheres não conseguem controlar a imaginação, e um casamento as faria questionar se o celibato foi de fato o melhor caminho. Mesmo as mulheres mais 'fiéis' e firmes são podadas nesse direito.

Tive que brigar e discutir para ir ao casamento de meu irmão, pois a diretora alegava que eu não tinha roupa adequada para tal. A tática é esta: quando a fraqueza dos argumentos iniciais se manifesta de modo evidente, então se faz uma argumentação sem a menor inteligência. Dessa forma, desgastes são freqüentes, o que vai acabando com a vida emocional das numerárias.

Uma numerária diretora se encontrava na Espanha, quando seu pai faleceu. Ela foi proibida de vir ao enterro do seu próprio pai, sob a alegação de que havia vindo à Obra para entregar o apego à família de sangue. Essa pessoa nunca mais conseguiu ter paz em sua consciência, imaginando como o espírito da Obra teria força para anular um mandamento da Lei de Deus.

A diferença que se faz entre numerárias e numerárias auxiliares é tremenda. Muitas numerárias acreditam realmente que são melhores que as demais por terem mais dinheiro, ou formação, vai saber... Por um lado, a prelazia se manifesta dizendo que são todas iguais, mas a prática revela profundas diferenças. Por exemplo, na louça em que se come. Aliás a assessoria regional [o governo nacional feminino] utiliza uma louça tão fina e cara que não pode ser colocada na máquina de lavar louça, muitas coisas são lavadas à mão. Em resumo, as numerárias auxiliares deveriam colocar-se a serviço de um apostolado, permitindo que as numerárias façam também apostolado, mas na prática elas são empregadas *mesmo* das numerárias. Há diferenças também nas roupas das numerárias auxiliares, que são sempre de segunda mão, etc.

O maior problema em relação às mulheres do Opus Dei (e um dos principais motivos que me fizeram desacreditar cada vez mais no ideal de felicidade que nos prometeram) é o processo de total destruição psicológica em que se encontram as numerárias mais velhas na Obra.

O número de numerárias que toma antidepressivos é assustador, e mais assustador é como as médicas da Obra também receitam esse tipo de medicamento.

Há numerárias que não conseguem estabilidade em emprego algum, que acabam sendo encaixadas em serviços internos, como cuidar dos oratórios, ou em trabalhos na assessoria, principalmente de digitação.

A caridade desaparece nos centros de pessoas mais velhas, para dar origem a comportamentos obsessivos com relação a roupas, por exemplo. Uma das numerárias com quem convivi, Júlia L., era completamente obcecada por roupas e sapatos, seu quarto era um escândalo para outras a quem não era permitido nem um décimo do que ela tinha. Essa atitude era completamente acobertada pelas diretoras. Como ela estava em contato com supernumerárias muito ricas, sempre tinha acesso a uma butique que vendia coisas muito caras. É claro que ela dividia esses privilégios com sua diretora, com o mesmo estilo de desculpas.

Quando consultei uma vez a necessidade de gastar vinte reais para trocar as lentes dos óculos, disseram-me que naquele momento não poderia ser, pois estavam com problemas com o aluguel. O interessante é que na porta dessa numerária havia roupas novas, que com certeza não eram de graça.

Nenhuma delas tinha trabalho profissional externo. Eu, mesmo como diretora, nunca deixei de trabalhar fora. Bom, essas pessoas que viviam às custas das outras não tinham o menor escrúpulo em proibir pessoas com necessidades concretas, como os óculos, em nome do 'espírito da Obra', ao mesmo tempo que esqueciam completamente esse 'espírito', quando se tratava do interesse próprio.

Particularmente nunca fui uma pessoa ligada em roupas e negativas como essa recebi muitas, mas a pobreza eu poderia agüentar melhor do que a hipocrisia das pessoas no poder da instituição.

Muitas das pessoas com problemas sérios são agressivas, maledicentes, descontroladas com a comida etc. Algumas, por sua condição financeira, ou por terem pais que são supernumerários importantes, ou ricos, são toleradas na Obra, mesmo fazendo da vida das demais um verdadeiro inferno".

Entre os diversos etecéteras que poderíamos acrescentar a esse testemunho, destaquemos um: os numerários podem fumar; as numerárias, jamais.

Também é eloqüente o depoimento de uma moça que foi "falada para apitar":

"Depois de conversar com algumas pessoas que entraram e saíram da Obra é que 'minha ficha caiu'. Justo eu que me julgava tão esperta, não percebi, na época, alguns absurdos que aconteceram durante o ano e pouco em que participei do Centro de Estudos Jacamar.

Tudo começou naquela fatídica idade da busca de identidade (16 anos), quando você não tem idéia se quer ser freira, casar-se ou comprar uma bicicleta. Sempre achei que eu não podia ser freira porque já havia cometido pecados demais e para aquela vida precisava ser santa. Até que um dia fui me confessar, numa igreja, com um sacerdote da Obra: padre I. Ele disse que tudo isso era besteira, que importava se arrepender, confessar e recomeçar.

Pois bem, gostei da sua filosofia e de pronto aceitei fazer direção espiritual com ele, na igreja. Durante esse tempo de direção fui 'doutrinada' com os livrinhos da Editora Quadrante e minha 'burrice' ou ingenuidade me levou a fazer a assinatura do Círculo de Leitura. Até que meu diretor espiritual me deu para ler *O homem de Villa Tevere*. Pedi para conhecer a Obra fisicamente, e ele entrou em contato com um amigo padre e pediu para que a sobrinha dele me levasse.

Meu primeiro encontro na Obra foi bem 'legal'; era hora da tertúlia, as meninas todas se voltaram para mim, senti que repararam bem na minha calça jeans e camiseta roxa (até da cor eu me lembro) e fizeram milhões de perguntas sobre a minha vida... parecia um interrogatório. Depois rezamos o terço – era algo alienante, as pessoas rezavam andando de um lado para outro, dava até angústia, pareciam doidas! Mas, enfim, depois mostraram a grandiosidade e beleza do lugar, e uma mulher mais velha, a M. E., veio saber qual era a minha formação. Ela quis me ensinar o óbvio da doutrina, isso eu já sabia. No mesmo dia ela pediu para uma menina me levar para casa. Achei um absurdo tal cortesia! Nem conhecia direito aquele povo, era meu primeiro contato e já queriam saber onde moro! Na verdade, queriam saber se eu tenho grana (se deram mal, porque eu não tinha e não tenho)! A menina olhou bem para minha casa, sequer quis conhecer minha mãe e foi embora.

Nas próximas vezes em que fui ao centro, levei uma outra amiga (ai que erro, meti uma amiga em fria!). Sei que, com o tempo, elas nos separaram; não gostava disso, mas tudo bem... Davam muito mais interesse e atenção a mim, diziam que eu era muito esperta, inteligente, comunicativa etc. Até que um dia os pais da minha amiga deram uma carona para nós até o centro; naquele dia o pai dela estava com um Honda Civic zerinho... e de repente percebi um interesse maior por ela também, convidaram a mãe dela para participar em outro centro. (É brincadeira?!)

Com o tempo, me proibiram de ver filmes no cinema (pois não eram selecionados pelas integrantes da Obra). Antes de eu ver ou freqüentar qualquer coisa ou lugar, precisava da aprovação de alguém. Aconselharam-me até a mudar de amigos, já que os antigos amigos não serviam para mim. Diziam que era tudo 'do inferno', que não era adequado... Minha mãe me aconselhou a não freqüentar mais o centro, disse que um padre amigo dela havia comentado que eles me afastariam da família. Depois disso briguei com ela e foi dito e feito! (A gente fica cega, pensa que está fazendo a vontade de Deus, mesmo que essa vontade seja se afastar dos seus entes mais queridos.)

Na direção espiritual, o padre começou a me aconselhar a não comentar os sacrifícios e práticas diárias com ninguém, porque as pessoas simplesmente não poderiam entender... a santidade não é compreendida. Um belo dia de maio, a minha 'amiga', aquela chata da M. E., perguntou com quem eu iria fazer a romaria durante a semana. Eu respondi que faria com um amigo da Obra, o H. Para quê?! A M. E. ficou louca da vida! Dizia que não podia porque ele era homem, e eu não podia andar com meninos etc... Achei aquilo um absurdo e contra-argumentei dizendo que não havia maldade, que éramos amigos e nada mais. Sei que ela falou tanto na minha cabeça que eu desisti da idéia, me senti a mais pecadora do mundo, me senti uma maria-madalena da vida.

Depois de um tempo, eu, na minha inocência, propus um encontro entre meninos e meninas que freqüentavam a Obra para que nos conhecêssemos e, quem sabe, surgissem daí vocações matrimoniais... Nossa! Aí acho que 'virei' a filha do 'demo' para as numerárias.

Passado um tempo, o cerco começou a fechar, a tal da M. E. me ligava umas trinta vezes por dia, sei lá para quê. Queria ir almoçar comigo todos os dias e eu, que sempre fui muito 'espoleta', levava várias 'chamadas' dela para ser mais discreta, mais doce, falar mais baixo, ter melhor postura etc... Um dia ela me convidou para um dos inúmeros retiros, lembro que tinha que pagar uma grana 'alta' (ainda mais para uma menina de 17 anos que era estagiária), e nessa época eu tinha um evento em minha paróquia e disse que não queria ir ao retiro. Aí, ao invés de me ligar umas trinta vezes, recebia umas cinqüenta ligações por dia! Depois de muita insistência, ela disse: 'Se o problema é dinheiro, arrumei um casal muito piedoso que pagará o retiro para você'. Achei aquilo um absurdo! Nem para minha mãe eu pedia dinheiro, quanto mais aceitaria de um casal que jamais tinha visto na vida! Respondi que não ia ao retiro porque não queria e ponto final, que a grana não me impedia.

Depois desse retiro, recebi uma cartinha da diretora do centro, dizendo que ela sabia da minha vocação, que estava rezando muito por mim e que em breve ela queria acertar as coisas comigo, ter uma conversa definitiva. Eu me perguntei: 'Que vocação? Que conversa?'. Sei que me senti sufocada! Eu já não convivia mais com minha mãe no final de semana, deixei de freqüentar a casa da minha família, e a M. E. não 'saía do meu pé'... Mandei tudo às favas... queria continuar com minha vida de antes, queria voltar a ser alegre, a ter o sorriso verdadeiro no rosto...

Aí lembrei que um dia havia escutado no centro: 'Para entrar, as portas sempre estão fechadas; mas, para sair, estão escancaradas!'. Então pensei que era só dizer que não tinha mais interesse e parar de ir, mas nada disso aconteceu. Aí é que a tal M. E. me perseguia. Não só ela, mas também outras duas, a D. e a B. Ave! Perdi completamente a paz. Até que eu acho que elas perceberam que não tinha mais volta e desencanaram de mim...

Fiquei tão alienada que uma vez conheci um cara da Obra que era professor e achei um absurdo ele me cumprimentar com um beijo e um abraço, aquilo não era permitido. Como ele, sendo numerário, estava infringindo essa regra...?! (Olha a lavagem cerebral que a Obra faz na gente!) Apesar da pouca idade, tive um mínimo de maturidade para acordar na hora certa, antes mesmo de 'apitar'".

Uma tipologia dos numerários

O conceito de *Idealtypus*, "tipo ideal", criado por Max Weber, pode ser útil para compreendermos um pouco mais esse fenômeno complexo e multifacético que são os membros do Opus Dei, muito particularmente os numerários. Como nas demais seitas, o comportamento externo dos membros da Obra apresenta um alto grau de uniformidade (no caso das numerárias, essa uniformidade é ainda mais acentuada...), mas, por mais semelhanças que o modo externo dos numerários possa ter (de opiniões estereotipadas ao modo de vestir, passando por inúmeros cacoetes identificadores), na verdade, cabe fazer uma captação de subgrupos, e essa captação necessita desse instrumento teórico (ou de sua transposição) concebido pelo pensador alemão.

Como se sabe, o tipo ideal é um *construto*, criado a partir da realidade empírica – mas que não contém essa realidade nem a copia – e que pretende representar em traços fortes, caricatos (sem nenhum sentido pejorativo), realidades não encontradas empiricamente na sua pureza ideal. O caricato se faz por uma questão de nitidez. Em palavras do próprio Weber:

> O *Idealtypus* é construído mediante o realce unilateral de um ou vários pontos de vista e a reunião de uma multiplicidade de fenômenos singulares, difusos e discretos, que se apresentam em maior medida em umas partes do que em outras ou que aparecem de maneira esporádica, fenômenos que se encaixam naqueles pontos de vista, unilateralmente escolhidos, em um quadro conceitual em si mesmo unitário[16].

Nunca é demais reiterar a advertência do próprio Weber contra a substancialização dos tipos: não são a realidade nem cópias da realidade; são simplesmente construtos para ajudar a compreensão (*verstehen*) de um sentido (ou da "conexão de sentido"...): "Compreensão é equivalente a apreensão interpretativa do sentido ou da conexão de sentido".

E é nesse contexto e com essas ressalvas que apresentamos, a seguir, uma tipologia de numerários (referimo-nos à seção masculina, mas praticamente o que se diz vale também para a seção feminina), que deve, portanto, ser considerada como meros tipos ideais. O fato de exemplificarmos com nomes concretos não significa que esses nomes se encaixem perfeitamente no tipo (aliás, um caso individual concreto pode chegar a encaixar-se em dois ou três tipos), nem que essa classificação seja estável: uma pessoa pode, com o tempo, migrar de um tipo para outro em seu trajeto dentro da Obra.

Por mais que o Opus Dei afirme a igualdade entre seus membros, há, claramente, uma "elite interna" (e, reciprocamente, um "proletariado" interno) e é pela elite que começaremos.

Tipo 1 - Os intocáveis

O Opus Dei apregoa ser uma sociedade de iguais, mas, tal como no livro *A revolução dos bichos*, de Orwell, há uns poucos privilegiados, que são "mais iguais" do que os outros... No Brasil, há uma meia-dúzia de numerários que, por prestarem serviços essenciais, são subtraídos às inúmeras limitações impostas aos demais. Trata-se sempre de um acordo tácito, de uma ameaça velada ("Se eu não puder dispor de liberdade, então torna-se impossível exercer o serviço essencial para a Obra. Não que eu queira privilégios – longe de mim! –, mas trata-se somente de poder servir a nossa 'bela Mãe', *madre guapa*, a Obra..."). Para não ficarmos em abstrações, passamos a indicar que "serviços" essenciais garantem a existência dessa classe privilegiada.

Em primeiro lugar, o dinheiro, ou, como se diz brincando (brincando, brincando...) na Obra: "Fulano é um numerário rico...". Um numerário que seja um empresário bem-sucedido vai entregar muito dinheiro para a Obra e, por isso mesmo, não terá dificuldades (as imensas dificuldades que os demais têm) para realizar viagens internacionais (nas quais evita ficar hospedado num centro da Obra, dispensa impensável para um outro numerário qualquer, digamos, um professor), poderá dispor de cartões de crédito (os demais não podem sequer ter um telefone celular), comprar bons carros etc. Se os outros profissionais menos abastados dependem de consultas infinitamente burocráticas para poderem participar durante dois dias de um congresso em Goiânia, por exemplo, o numerário "rico" pode passar dois meses em Madri ou em Nova York, bastando simplesmente comunicar ao diretor: "Estarei a serviço!". Naturalmente, essa liberdade, numa sutil *tournure*, é creditada à empresa: como pessoa "física", o numerário "rico" afirma pessoalmente viver uma pobreza radical, mas como "pessoa jurídica" (e ele é pessoa jurídica *full time*) gasta o que bem entende, à margem do controle da Obra.

Essa intocabilidade dos intocáveis pressupõe um requisito fundamental: a discrição, o não alardear, o camuflar etc. Outro tipo de privilégio decorre do trabalho no "apostolado da opinião pública", leia-se: manter a imprensa quieta, sem motivos para criticar a Obra, tarefa realizada por Carlos Alberto Di Franco. Com sua simpatia irresistível, desenvolve um incrível trabalho de relações públicas com a mídia, sempre com o melhor enfoque para temas polêmicos. Escreve regularmente no *O Estado de São Paulo* e defende, como ninguém, a liberdade de pensamento e expressão.

Mas tudo isso tem um preço, e Di Franco o cobra: a liberdade, o ficar a salvo de todas as picuinhas e mazelas internas que afligem seus irmãos numerários na forma de regras e regrinhas que amarram uma pessoa e a impedem de tomar iniciativas pessoais. A mesma liberdade tem o seu colaborador, Guilherme Döring Cunha Pereira, que, além do mais, é diretor e principal herdeiro do mais poderoso grupo de mídia do Paraná (*Gazeta do Povo*, Rede Globo-PR etc.). Enquanto os demais numerários não podem sair à noite – nem para jantar com um amigo ou parente – sem autorização expressa dos diretores, esses dois privilegiados têm total liberdade de horários e programas. E, no que diz respeito aos gastos, enquanto os outros numerários anotam minuciosamente na conta de gastos (que deve ser entregue todo final do mês aos diretores e submetida à avaliação e críticas) todas as suas despesas, mesmo que sejam os trocados no bandejão da faculdade, Di Franco e Guilherme podem participar de jantares (de caráter profissional, é claro) à altura dos seus refinamentos gastronômicos.

Outra estrela quase solitária do grupo de meia-dúzia de numerários privilegiados, intocáveis, é uma peça-chave na "segurança nacional" da Obra no Brasil: o médico doutor Pablo González Blasco. Sua função: receitar as pílulas para as dezenas de casos de distúrbios emocionais e mentais de numerários, causados pela própria Obra. Como em casos semelhantes, há um acordo tácito: em troca dessa árdua tarefa, liberdade de dinheiro, carros, viagens, tempo etc., caso contrário...

Um último exemplo para este grupo de intocáveis: o sempre inefável e carismático dom Rafael Llano Cifuentes, palestrante insuperável, apóstolo incansável, bispo que faz a mediação com a CNBB... e que soube magistralmente tornar-se auxiliar de dom Eugênio Salles, no Rio de Janeiro. Hoje, comanda a diocese de Nova Friburgo, RJ, longe de todas aquelas exigências absurdas que infernizam a vida de qualquer numerário "normal". Um ex-membro da Obra ouviu de dom Rafael, no dia em que este soube que seria consagrado bispo, um desabafo sincero: "Ah... agora as coisas vão mudar!".

Pela liberdade de que gozam, graças à excelente imagem que transmitem de uma Obra em que um numerário pode ser feliz... eles se tornam, na verdade, os únicos intocáveis – e de fato estão muito satisfeitos com a Obra, pois não sofrem as incríveis pressões de que são vítimas os moradores da "senzala". São eles os intocáveis, os garotos-propaganda do Opus Dei, porque, é claro, a Obra aproveita para exibi-los como modelos de numerários bem-sucedidos na vitrine de propaganda das suas relações públicas: dom Rafael, doutor Pablo, Di Franco, doutor Guilherme. Estes, mais em evidência, e aqueles outros, os empresários endinheirados, mais discretos, compõem o primeiro grupo da nossa tipologia.

Tipo 2 - Os chefões

"No Opus Dei", dizia o fundador, "os cargos não são cargos, são cargas...". Na prática, a sentença se completa com "...sobre os ombros dos outros". Também aqui, trata-se de um grupo restrito a uma meia-dúzia: os diretores nacionais da Obra. Para citar alguns que estão há mais de trinta anos no poder (recentemente, houve uma mudança *pro forma*, mas na verdade eles continuam a mandar e, evidentemente, souberam criar os seus sucessores): Emérico da Gama, José María Córdoba, Alfredo Cantelli, padre Francisco Faus... e os emergentes brasileiros: padre Vicente Ancona López, padre Eugênio Callioli, Élcio Carillo, padre Fábio Carvalheiro e Luís Antônio Carvalho de Campos. Na verdade, esses senhores há muitos anos abandonaram o mundo e, na prática, ficam enclausurados nas casas da Obra, pontificando sobre as questões de governo da instituição e sobre a consciência do... próximo. Afastados do apostolado direto e da vida corrente, ignoram o que é a vida real: o trabalho numa empresa, numa universidade, o trânsito, as relações sociais. Têm pouquíssima sensibilidade para os problemas alheios e consideram tudo o que cheira a "psicologia" como falta de sentido sobrenatural.

Detentores do poder, estão ocupadíssimos com essas tarefas de domínio da liberdade alheia e passam o dia inventando leis para os que vivem na "senzala", o que torna impossível a vida e a "vocação" na Obra. Teoricamente, as dezenas de notas e observações que enviam semanalmente sobre os menores detalhes da vida nos centros e da vida dos membros da Obra são criadas para promover a "santificação" no meio do mundo: não pode comprar roupa sozinho, não pode cumprimentar mulher com beijinho, não pode sair à noite, não pode ter celular, não pode ter talão de cheque (e, se tem, fica sempre retido com o secretário do centro), não pode viajar, não pode ler isso, não pode fazer aquilo, agora não pode tal coisa, não pode, não pode, não pode, não pode!!! Os resultados são, entre outros, as doenças mentais, de que ainda falaremos.

Tipo 3 - Os sargentos triunfalistas

A ação dos chefões só é possível graças à interface com a tropa, os sargentos: diretores de centros que se encarregam de transmitir e zelar, no dia-a-dia, pela pureza do espírito da Obra. Como são os mais fanáticos (e, por vezes, violentos, reproduzindo no ouvido dos numerários da senzala os berros que já ouviram dos chefões), são eles, os sargentos, tropa de elite, que transmitem a mentalidade "vale-tudo", "guerra é guerra", para cumprir as metas estabelecidas pelos chefões. Um exemplo entre muitos do vale-tudo, apoiado moralmente pelos sargentos: no Instituto de Matemática da USP, a imagem do Opus Dei ficou muito comprometida na década de 1980, quando vários numerários conseguiam bolsas de agências financiadoras, mas, como priorizassem seus encargos internos (era já a época em que o Opus Dei estava abdicando da universidade e apostando nos clubinhos de garotos), não davam conta de suas obrigações acadêmicas.

De inteligência muito mediana, são, porém, gente de total confiança dos chefões. Eles são capazes de levar adiante as ordens mais absurdas, com mão de ferro. Adotam a truculência, quando necessário. E sentem-se felizes por cumprirem o seu papel de comando intermediário.

Tipo 4 - Os sargentos polidos

São tão sargentos quanto os triunfalistas do grupo anterior, mas muito, muito mais perigosos, na medida em que aparentam uma (falsa) capacidade de diálogo, de bom humor, bons modos, dignidade e tolerância... Pessoas que no passado eram realmente doces e sensíveis, qualidades que os anos de Opus Dei destruíram, deixando apenas uma sombra e a habilidade técnica de simulá-las. Fala mansa, olhar cândido, muitas vezes são, como vimos certa vez na foto de um oficial da Plaza de Mayo (torturador oferecendo o ombro à mãe do torturado), quase que um modelo de doçura. Um sargento polido poderá, por exemplo, acompanhar um numerário em crise, prestes a sair da prelazia, e deixar em sua mente a falsa impressão de que, se a Obra é um lugar infernal, ainda sobram algumas grandes almas.

Tipo 5 - Medíocres arrogantes e auto-suficientes

Em seu desconhecimento do "mundo real", a burocracia interna da Obra vai criando atividades internas e preenchendo esses cargos com gente fiel do segundo escalão, gente sem muito brilho ou possibilidades no mundo lá fora (a arrogância da Obra, no entanto, leva a uma auto-suficiência que dispensa a legitimação das instituições do mundo). Assim, são nomeados como grandes professores "internos", em obras corporativas, gente que não tem outra formação (ou simulacro de formação...) além da que se recebe da própria Obra, e isso lhes basta.

Especialmente na área de ciências humanas, o Opus Dei não supera uma minguada mediocridade. A mediocridade de que são protagonistas não parece impedir que os representantes deste grupo dêem palestras para universitários que se aproximam da Obra, iludidos muitas vezes com a idéia de que os numerários são aristocratas da inteligência...

Tipo 6 - Os "moitas"

Especialmente nos centros de "mais velhos", cada um está na sua e *se las arregla* ("dá um jeito"), vai sobrevivendo como pode num mundo já destituído das ilusões da juventude. Tal como, inexplicavelmente, aparecem nos presídios, "do nada", estiletes, cachaça, droga etc., assim também os numerários deste grupo vão conseguindo livros, quadras de tênis para um joguinho no final de semana, caronas, um filminho na casa de um amigo, e assim por diante. Vão levando a vida nessa toada, pois, afinal, tudo acaba em apostolado...

O Opus Dei, mais do que escola de oração, acaba como escola de egoísmo. Gente que entrou para a Obra movida talvez por uma imensa generosidade, acaba, com os anos, desiludida e vivendo segundo a máxima: "Farinha pouca, meu pirão primeiro". Na moita, disputam palmo a palmo um lugar à sombra dentro do centro, uma poltrona, um bife mais gordo, um esquema de excursão mensal, enfim, "já que a Obra me usou bastante e estou meio que esquecido agora, vou aproveitar a vida no que for possível, no que me deixarem".

Tipo 7 - Os emudecidos

Variante do tipo anterior: desiludidos, não têm a consciência suficientemente elástica para *se las arreglar*. Ante a absoluta impossibilidade de criticar a instituição ou corrigir algo e depois de terem assistido, impotentes, a todo o tipo de arbitrariedades e absurdos dentro da prelazia, entregam-se a um emudecimento estóico, esperando que, como sempre se diz nas murmurações dentro da Obra: "É, algum dia as coisas mudam...". Cumprem o seu papel, por vezes chegam a ocupar o cargo de sargentos, mas não são triunfalistas nem polidos. São apenas cumpridores do dever. Na realidade, ainda acreditam que estão fazendo a Obra e que o essencial não está perdido. Nada mais a dizer...

Tipo 8 - Os desiludidos úteis

Alguns, com o passar dos anos, desiludem-se de vez: não acreditam mais na utopia de que as coisas vão mudar; de que com o próximo prelado haverá mais liberdade; de que a próxima comissão de serviço vai ouvir as reclamações; de que escrever ao prelado atual pode adiantar; de que, depois de não sei o quê, as coisas podem ganhar um novo rumo... Não, não há mais nada a fazer. Tudo apenas piora... Contudo, os numerários deste grupo, porque são pessoas retas e dignas, ainda acreditam que, de algum modo sobrenaturalíssimo, se a Obra não é de Deus, pelo menos ainda pertence à Igreja Católica, e a Igreja é de Deus. Talvez daqui a uns cem anos a Obra reencontre seu caminho, quem sabe? Alguns, com um olhar meio que messiânico, rezam para que venha um santo reformador...

Explícita ou implicitamente, esses numerários, por vergonha de fazer proselitismo (só daqui a cem anos...) e porque vêem uma enorme hipocrisia na pregação dos "meios de formação", são também identificados pela instituição como pessoas com as quais não se pode contar, porque já não compactuam como antes. Ao mesmo tempo, sua grandeza moral continua sendo, de certa forma, de interesse para a instituição, na medida em que eles têm seus admiradores, e esses admiradores se tornarão cooperadores... ou chegarão a apitar como supernumerários, pensando que a Obra é de Deus e que foi Deus quem lhes deu a conhecer um "thomas morus" em carne e osso.

Tipo 9 - Os "alpistados"

É um dos possíveis desaguadouros do tipo 8: a doença mental. O numerário que não compactua com o sistema "vale-tudo", nem consegue acomodar-se egoistamente, nem possui dinheiro suficiente ou influência externa para obter alforria interna, nem faz parte da elite dos chefões, nem consegue manter a integridade psíquica e emocional por mais nobre que seja a sua alma e incorruptível a sua dignidade, corre o sério risco de sofrer um distúrbio mental!

Tudo pode começar com um estresse e terminar na dependência de antidepressivos... mesmo que depressão não seja exatamente o melhor diagnóstico para a sua situação. Houve um numerário que começou a sentir dores de cabeça terríveis, chegou a ser tratado na clínica de Navarra, na Espanha, e acabou absolutamente imprestável para viver na Obra, que o devolveu "caridosamente" para os pais supernumerários. Outro começou com sintomas de depressão, foi mal diagnosticado, mal medicado e chegou a ter alucinações. Também foi devolvido para a casa dos pais, que, por conta desse acontecimento, deixaram de ser supernumerários. Outro numerário tornou-se meio que alienado, e vive encostado no centro, ex-funcionário brilhante na Cesp. Outro ainda, depois de largar, aos cinqüenta anos, um bom cargo na Telefônica, dedica-se hoje a assistir a aulas de filosofia como ouvinte e a divulgar o pensamento do filósofo Leonardo Pólo, do Opus Dei. Outro literalmente "alpistou", porque uma das poucas atividades que hoje consegue realizar (brilhante professor de biologia e, este sim, o único verdadeiro pedagogo dos quadros da Obra no Brasil) é dar alpiste para os seus passarinhos. Daí o "neologismo" *alpistar*, surgido nos bate-papos entre os membros que se atrevem a comentar – reservadamente... – esses assuntos tabus...

São histórias e mais histórias de pessoas normais que se tornaram desajustadas por força do ambiente rarefeito da Obra. Talvez se trate de uma defesa desesperada da psiquê para que o sujeito sobreviva ao ambiente opressor e doentio em que entrou inadvertidamente e do qual não pôde sair, temendo ofender a Deus, trair a "chamada divina" etc.

Trazemos, neste ponto, o depoimento de um ex-numerário, que salvou-se a tempo da "alpistagem":

"Em meu processo de degradação mental, a primeira pessoa que notou que havia algo errado se passando comigo não foi ninguém da Obra. A primeira pessoa a me dizer que eu estava com depressão foi o meu chefe no trabalho, o que me surpreendeu, pois não havia aberto o coração para ele, ou seja, não havia tido com ele uma conversa fraterna onde abrimos todo o coração. As coisas que estavam me incomodando eu já havia falado com o sacerdote, diretor e subdiretor, e ninguém havia notado essa depressão. Depois que fui falar com o subdiretor sobre o diagnóstico dado por meu chefe, ele concordou que eu estava deprimido. Somente a partir desse ponto é que fui medicado e entrei de licença médica, afastando-me do trabalho. Daí começaram a surgir as dúvidas. Como pessoas que deveriam dar conselhos e que cuidariam dos aspectos mais profundos de minha alma não conseguiam ver o que estava se passando comigo (ou seja, que eu estava doente da alma)? Seriam aqueles os diretores de almas? Aquelas pessoas tão 'sensíveis' estavam dirigindo as almas para onde?" (*M. M.).*

Tipo 10 - Escravos na senzala

Pertence a este tipo a imensa massa dos numerários que ainda não percorreram o caminho completo, ainda não se "encaixaram" plenamente em um ou em alguns dos tipos acima. Foram cooptados sem saber de que escravidão se tratava. Aos poucos foram descobrindo (porque só aos poucos a santa revelação da Obra se faz...) o verdadeiro "pacote" que haviam "comprado". Mas aí pode ser muito difícil voltar. O plano inclinado já está bem inclinado!

Os numerários que vivem na senzala são "pau para toda a obra". Ficam na portaria dos centros, atendem o telefone para os intocáveis, lavam os carros dos chefões, obedecem cegamente às ordens dos sargentos, ouvem com respeito as aulas e preleções dos medíocres... e cumprem todas as normas do plano de vida, fiados nas palavras do santo fundador. E ainda têm fôlego para comemorar as "festas A e B" (assim denominadas internamente), como os negros no Brasil que, à noite, na noite escrava dos séculos passados, nas senzalas, cantavam e dançavam para afogar a tristeza.

Mais cedo ou mais tarde chegará para o numerário que ingressou na Obra o momento em que seu destino será decidido.

Com sorte, com muita sorte, poderá ingressar no mundo dos chefões ou dos intocáveis, ou, pelo menos, talvez chegue a ser um sargento. Mas, em qualquer dos três casos, terá de se imbuir do pragmatismo opusdeístico e mostrar serviço. No Centro de Estudos (durante dois anos, o recém-apitado passa por uma verdadeira doutrinação intelectual e psicológica, um treinamento diuturno, divisor de águas na vida de um numerário), os numerários passam pelas provas decisivas e praticamente se revela qual será o seu trajeto futuro dentro da Obra.

Há aqueles numerários que passarão a vida carregando pedras, abnegados, suando a camisa, vivendo privações e que, paradoxalmente, se sentem beneficiados por poderem servir a Obra sendo os últimos dos últimos. Agüentam humilhações, não se queixam, não murmuram. A sua única chance de se libertarem talvez seja "alpistar"...

Há aqueles numerários que têm o dom de comandar sem contemplações e serão treinados para assumir cargos de direção. Começarão como secretários de um centro e possivelmente serão subdiretores ou diretores durante o resto da vida.

Há aqueles numerários simpáticos, temperamentos naturalmente afáveis, usados como aperitivos e iscas na grande armadilha. Quando a Obra começa a trabalhar numa cidade diferente, é bom poder contar com gente assim, "alma pura", de bem com a vida, que transmite confiança total aos novos freqüentadores...

Há aqueles numerários, por fim, que se revoltarão, consciente ou inconscientemente, contra o esquema, contra a mentira, contra as reservas mentais. Mais cedo ou mais tarde, ainda que seja muito tarde, ainda que tenham experimentado o gosto do poder que proporciona a função de sargento, sentirão uma saudável indignação misturada com o medo de mudar e assumir para si mesmos que entraram na armadilha. Confusamente, pensarão que, apesar de tantas missas e palestras moralizantes, algo não está certo. E acabarão por sair da Obra e, não raramente, pensando até que possuem alguma culpa, que foram eles, ao menos em parte, que não souberam lá viver a entrega, as exigências da "vocação", ou não tiveram fôlego moral para separar o joio do trigo e difundir o trigo lá dentro.

Escravos, serão expulsos, ou fugirão na calada da noite, ou receberão uma dispensa por parte dos chefões, que querem se ver livres de alguns escravos problemáticos... que aprenderam a pensar por conta própria e começam a sair do controle. São escravos que amam a liberdade e não servem para os objetivos inconfessáveis da prelazia. Esta, por sua vez, quer que eles saiam da Obra estigmatizados, acreditando que ela é essencialmente boa e que eles é que não foram santos o bastante. A Obra poderá dizer, então, que esses ex-escravos até guardam "um grande carinho pela instituição". Vários desses numerários, no entanto, terão de recorrer à terapia para reequilibrar sua visão de mundo e vencer um estado de culpa difícil de evitar.

* * *

A esses numerários que saem da prelazia, seja qual for o motivo da saída, foi confiada uma tarefa: a de contar o que acontece lá dentro, mostrar as marcas, desconstruir a linguagem ambígua de uma instituição que, como nos totalitarismos, não só proíbe coisas, mas consegue algo muito pior. Consegue fazer com que o escravo diga o que não pensa, acredite no que não acredita, e, mesmo vendo as algemas abertas... continue cativo.

II

OPUS DEI: DOMINAÇÃO E MANIPULAÇÃO

O cheque em branco

Um dos maiores problemas com relação ao ingresso de um membro no Opus Dei, em particular o numerário, é o fato de ele ir descobrindo aos poucos, de surpresa em surpresa, ou de susto em susto, o conteúdo concreto de sua "entrega total" a Deus. Trata-se do plano inclinado, ao que já nos referimos. Mas o grande problema é saber o grau dessa inclinação!

Uma analogia com a vida de um suposto homem casado, para entendermos os "sacrifícios da entrega" do numerário, pode ser útil. Digamos que um homem, ao se casar, sabendo que terá uma vida de entrega e abnegação, depara com o seguinte comportamento de sua amada esposa: no primeiro mês do casamento, ela revela que não quer mais que ele beije, sequer no rosto, outras mulheres; no segundo mês, determina que ele deixe todo o seu dinheiro com ela, e ela lhe dará o que considerar necessário para seu almoço, roupas etc.; no terceiro mês, proíbe que o marido saia à noite, a menos que a consulte anteriormente e lhe apresente fortes razões para fazê-lo; no quarto mês, ela estabelece que ele só visitará os pais uma vez por mês; no quinto mês, decide que ele não poderá ouvir música à tarde e nunca mais jogar xadrez;

no sexto mês, manda que ele só compre os livros que ela autorizar; no sétimo mês, o dócil esposo descobre que ela intercepta sua correspondência e a lê antes... e o marido tudo aceitando, por amor.

Até quando deixará de ter problemas com essa fiel esposa, que lava e passa suas roupas, dá-lhe filhos lindos etc.? E o sacerdote que celebrou o casamento, o que ele lhe dirá? Que divórcio é pecado... e mais nada?

Mutatis mutandis, assim ocorre com o membro da Obra. Depois que assina o cheque em branco da entrega, vai vendo a mão dos diretores preencherem com um número astronômico o espaço reservado ao valor. E o problema é que esse valor pode ser alto demais.

Daí decorre que se possa raciocinar que o contrato estabelecido entre um membro da Obra e a instituição carece de valor. Tal hipótese se baseia num aforismo jurídico: "Quod nullum est nullum producit efectum", ou seja, "o que é nulo não produz efeitos", aplicável aos que foram enganados e coagidos pela Obra a aceitarem um contrato cujos termos não eram plenamente conhecidos.

Pois é fato indiscutível que qualquer contrato requer, para sua validade, um elemento essencial: o consentimento das partes. Sem esse consentimento livre, não existe contrato. Poderá ter a aparência de contrato, um simulacro de contrato, mas, na realidade, trata-se de um contrato nulo. Em concreto, e cada um deverá analisar o seu caso, muitíssimas vezes o consentimento dado não foi livre.

Milhares de pessoas que ingressaram na Obra fomos intencionalmente enganados para aceitar os termos do contrato que era um genérico "entregar-se a Deus". Sabíamos muito pouco ou nada do que vinha pela frente. (Se eu, por exemplo, *antes* de aderir à Obra, soubesse que estava sendo vítima de uma propaganda enganosa e que, ao aderir, poderia, um tempo depois, receber a ordem de abrir mão da minha profissão, ou ter de vender livros da Quadrante, ou ter de riscar certos amigos da minha vida, ou não poder ser padrinho no batismo de um parente, ou não poder sair à noite, ou não poder freqüentar espetáculos públicos, ou ter de pedir ao diretor do centro uma autorização para visitar meus pais, ou não poder doar sangue para parentes ou amigos doentes, ou ter minha correspondência violada, ou não poder ler o jornal censurado pelo diretor, ou ter de consultar alguém para cada passo da minha vida, ou ter, enfim, de engolir, calado, tantas outras proibições que se descobrem mais tarde e sofrer tantas outras manipulações de consciência... certamente não teria dito sim tão facilmente...)

Nessa perspectiva, tanto faz se o numerário (sempre nos referimos ao numerário, por representar ele o caso mais "puro" de entrega dentro do Opus Dei) escreveu a carta ontem, ou se já fez a admissão, ou a oblação ou a fidelidade (após um período de cerca de seis anos e meio, os numerários são incorporados definitivamente à instituição por meio da fidelidade, passando a usar um anel na mão esquerda) há algum tempo. Tudo isso é nulo. E os contratos radicalmente nulos, no Direito, são inexistentes, ou seja, não produzem nenhum efeito. A única coisa que se tem é uma aparência de contrato, que não obriga ninguém, nem juridicamente, nem em consciência. E talvez por isso a Obra não cumpra a sua parte! Ela, como "família sobrenatural", como "ente jurídico", deveria cuidar das pessoas que a ela aderem... e não cuida. Antes, suga-as e joga-as fora quando não se adaptam (ainda voltaremos a essa questão gravíssima). No fundo, é a Obra que primeiramente, na figura e na prática dos seus diretores, engana e trai a confiança do numerário.

Na prática, o numerário que cumpre as mil e uma obrigações que parecem derivar desse "contrato", o faz porque é nobre, porque acha que cumpre a "vontade de Deus", ou porque sua ignorância jurídica – induzida pela prelazia – o leva a imaginar que é obrigado a aceitar tudo o que venha pela frente, seja dormir na rua porque não vendeu uma assinatura do Círculo de Leitura da Editora Quadrante, seja fazer restrições mentais para salvaguardar a "honra" do Opus Dei, seja mentir para os pais, seja o que for.

Por outro lado, quem decide deixar de cumprir as tais obrigações não está violando contrato algum... E é por isso que alguns membros da Obra (os intocáveis, segundo tipologia que esboçamos no capítulo anterior) ignoram certas obrigações que lhes são impostas e, mesmo assim, nela permanecem porque, no fundo, eles e a Obra sabem que não há contrato algum.

Esse tema é extremamente delicado, bem sabemos. Haveria ainda, se quiséssemos enveredar por uma discussão jurídica em termos técnicos, de distinguir entre contratos nulos e anuláveis... O essencial, porém, está dito acima. Alguns numerários chegaram a sair da Obra sem escrever carta alguma para o prelado (carta considerada obrigatória, de acordo com o "contrato", como pedido de dispensa dos compromissos assumidos), e a Obra (com seu zelo hipócrita) simplesmente se encarregou de declarar a si mesma que o membro abandonou a instituição, e, assim, rompido estava o "contrato"...

A Obra, propositadamente, se encarregou de tornar essa situação jurídico-espiritual confusa e complicada. Apesar de o contrato não gerar obrigação alguma, devido ao já mencionado vício de consentimento, pode, ainda, ser conveniente a alguém que assim o deseje, em nome de uma tranqüilidade maior de consciência, escrever a tal carta de despedida (com uma linha simples que seja) para destruir até mesmo a aparência de contrato.

Quase ao final deste tópico, cabe recolher um trecho de uma discussão travada em maio de 2005 no *site* Opuslivre[1]. Em resposta a uma carta em defesa da Obra, que afirmava que o Opus Dei tem seus regulamentos como qualquer congregação religiosa e quem as aceita não pode se queixar etc., João Peixoto argumenta:

"O sofisma fundamental é equiparar a entrega do numerário à da carmelita ou à do beneditino etc. Um candidato a carmelita ou a beneditino não só sabe exatamente o que o espera (ao contrário do membro da Obra), como também sua vocação é perfeitamente compatível com as exigências de pobreza, obediência etc. A vida de um beneditino (cumprir suas horas litúrgicas, seus encargos, penitências etc.) não pode ser inviabilizada pela estrutura de sua ordem. Já a vida de um numerário, que deve santificar-se, santificando seu trabalho no meio do mundo, pode perfeitamente ser inviabilizada pela própria estrutura do Opus Dei.

Uma metáfora para ajudar a compreender. Se eu me dedico a jogar xadrez por correspondência – cada dia eu envio/recebo um *mail* com o lance do dia –, essa minha atividade pode comportar consultas ao meu técnico, à bibliografia etc. E o meu técnico está legitimado em exigir que eu converse com ele sobre o lance que eu penso dar amanhã, por exemplo forçar uma troca de torres. Agora, se o meu esporte é tênis de mesa, o treinador não pode exigir que, durante a partida, eu o consulte sobre se devo ou não arriscar uma cortada: a própria dinâmica desse meu esporte exige autonomia total no momento da partida.

O Opus Dei impõe a seus numerários uma brutal dependência em relação a horários, gastos etc., a mais insignificante picuinha deve ser consultada, ao mesmo tempo que exige deles uma desenvoltura para essa santificação/apostolado no meio do mundo.

O Opus Dei recai na síndrome de De Gaulle. O general De Gaulle, ao final da Segunda Guerra, nas discussões sobre o futuro da Alemanha derrotada, expressou que a França queria uma Alemanha com um exército suficientemente forte para conter a Rússia (De Gaulle nunca usou a expressão *União Soviética*) e, *ao mesmo tempo*, que não representasse uma ameaça para a França (obviamente qualquer exército capaz de conter a Rússia é uma ameaça mortal para a França...).

Do numerário se exige, por exemplo, prestígio profissional e que seja pessoa de alto nível. Suponhamos, porém, que ele seja professor. Coisas tão simples como comprar um livro de trinta reais, assistir a um dia de congresso científico, receber dignamente um professor convidado, oferecendo-lhe um jantar num restaurante etc., são, na prática, inviabilizadas por uma burocracia infernal: ele tem que prever tudo com dias de antecedência, consultar o diretor (que, por sua vez, repassa a consulta para a comissão), tirar o dinheiro com o secretário (o diretor estipula – sempre puxando para a miséria – o valor do jantar: se o convidado pedir um vinho, o numerário 'dançou'...). [...]

O resultado disso tudo é que o numerário é visto pelos colegas como um cara esquisito, conventual. Exige-se dele uma espontaneidade, um estar à vontade no mundo, ao mesmo tempo que se lhe impõe uma estrutura mais que conventual... Esse gaullismo do Opus Dei funciona bem para os poucos intocáveis, que fazem polpudas caixas dois; funciona muito bem para os diretores, que vivem enclausurados nos centros; para os demais, resulta em tantos casos de desestruturação psíquica e espiritual".

Nessa mesma linha está o depoimento, para o *site* Opuslivre, de um dos autores deste livro, Jean Lauand. Trata-se do único numerário (limitamo-nos à nossa seção masculina) que, nestes quase cinqüenta anos de Opus Dei no Brasil, conseguiu chegar ao topo da carreira universitária, como professor titular na USP. Isso só foi possível porque, dado o particular encargo que tinha no Opus Dei (encargo ligado aos estudos internos dos numerários), pôde, durante muitos anos, comprar livros à vontade e sempre teve o privilégio da permissão para ler os livros que quisesse, o que, para os outros, estava proibido. Quando deixou esse encargo, teve as dificuldades que o Opus Dei impõe a todos os seus membros para comprar livros. Sobre esse aspecto, escreve:

"Uma das maiores torturas no Opus Dei é a burocracia para comprar, digamos, um simples livro, que custe, por exemplo, quarenta reais. Um livro é considerado (mesmo que seja para um professor universitário) gasto extraordinário e, portanto, esse gasto não pode ser efetuado sem a permissão expressa do diretor em cada caso (e as consultas ao diretor podem ter, no dia-a-dia do centro, uma fila de espera de vinte minutos em média – isso quando se consegue consultá-lo no mesmo dia!). Feita a consulta ao diretor, é necessário entrar na fila de espera do secretário (o que guarda o dinheiro da casa) e preencher um vale com o valor da compra. É necessário também consultar – e isso pode levar dias – se o livro é proibido pela censura interna da Obra ou não. Depois de comprar o livro, é necessário levar a nota fiscal para o secretário conferir... e tudo isso num clima de suspeita segundo a qual comprar um livro contraria a 'pobreza' da Obra.

Felizmente, o padre Xavier (o grande chefe anterior ao Vicente) me havia concedido uma dispensa (super-extraordinária) para que eu lesse o que quisesse, e eu comprava livros por conta do encargo interno que exercia e, depois, com o caixa da editora universitária em que colaborava. Quando achei que era injusto onerar a editora com meus gastos profissionais, propus ao diretor do centro – um engenheiro tacanho, para dizer o mínimo – que me autorizasse usar uma quantia mínima mensal – em torno de 5% de meu salário da universidade – para comprar livros, sem passar pela burocracia infernal e tola (afinal, quem sabe o que tenho que ler em meu trabalho de professor de filosofia sou eu e não ele). Após dois meses 'pensando' e esperando a resposta da consulta ao governo nacional da Obra, ele autorizou, mas outros dois meses depois voltou atrás (na verdade, não ele, mas o governo nacional), afirmando que isso contrariava frontalmente o espírito da Obra (tenha-se em conta, além do mais, que não é nada exagerado afirmar que uma simples multiplicação do número de meses que passei na prelazia pelo valor líqüido que em média eu entregava para a Obra todo mês, perfaz um total de cerca de um milhão de reais, ou seja, quatrocentos mil dólares!!!!).

Este é um dos tantos exemplos de como o Opus Dei se constitui em estrutura de pecado (fato a que antes me referia): como professor universitário, tenho, por justiça, a obrigação de preparar-me para dar as aulas dignamente, meus alunos têm direito a isso e é para isso que a USP me paga. Na prática, as coisas são mais complicadas. Digamos que, numa cidade como São Paulo, encontre determinado livro na Livraria Francesa; dois dias depois, consigo consultar o diretor e obter os quarenta reais com o secretário; quando voltar à livraria com o dinheiro, talvez constate que o livro já foi vendido para outro cliente... Bem, para mim era claro que, entre o dever de justiça para com meus alunos e uma burocracia tola (o pior é que não se trata de burrice ou tacanhice do diretor de plantão, mas de algo fundacional, estrutural do Opus Dei), passei a desobedecer e a não consultar coisa nenhuma: tirava do banco meu dinheiro e comprava os livros que achasse necessário para não pecar (literalmente: não cometer pecados) por incompetência profissional. Naturalmente, uma provocação diabólica como essa, eles não deixariam impune...".

Finalmente, recolhemos, a seguir, uma interessante matéria do Orkut (comunidade Opus Dei Brasil, que discute criticamente a Obra[2]) sobre o mais importante meio de formatação ("depois dos sacramentos, o meio de formação mais soberano do Opus Dei", segundo seu fundador): a *conversa fraterna*, também chamada de conversa semanal (para os supernumerários, quinzenal), ou ainda de confidência. Não há numerário que não se angustie já nas vésperas do dia da semana em que deve ocorrer a "terrível" conversa: trata-se de um escancaramento da alma durante cerca de 45 minutos, com a obrigação de contar "com sinceridade selvagem" tudo o que se passa em sua intimidade para o diretor. Essa prática é uma das primeiras surpresas do plano inclinado que se tem quando se apita: até então, o rapaz falava espontaneamente com o sacerdote na direção espiritual; poucas semanas depois de apitar, nunca mais terá direção espiritual com o padre Fulano, mas só com o diretor leigo e de acordo com um rígido sistema de controle. Augusto T. P. tipificou as lembranças desse costume na seguinte cena "teatral", nada exagerada e altamente reveladora, para quem tem a curiosidade de *voyeur* dos meios de formação da Obra:

Uma típica conversa fraterna de Zé (Z) com o diretor (D):

D: E aí, como estão as coisas?
Z: Bem, mas esta semana voltei a ter tentações contra a pureza...

[Deve-se logo soltar o "sapo gordo" e, por isso, é muito freqüente começar com o tema castidade, mesmo que seja para falar que naquela semana não ocorreu nada digno de registro. Na conversa, é preciso contar tudo, e são Josemaría prescrevia contar "todas as coisas que mais envergonham", "as coisas que você não gostaria que outra pessoa soubesse", "começando pelas pedras mais pesadas", "'o sapo gordo' que está dentro da alma" e que "se não se conta, cria-se um segredo com Satanás" etc.]

Z: ...mais coisa de imaginação, pensamentos que iam e voltavam e...

[Na conversa o relato sobre a intimidade que envergonha deve ser concreto e não se deve nunca apresentar atenuantes ou usar formas impessoais, nem sequer "a gente", mas "eu", daí que Zé vai ter que concretizar.]

Z: ...a verdade é que eu andei meio que sendo muito gentil com uma colega...
D: Como é o nome dela?
Z: ...não foi nada de mais grave, foi só imaginação, e ela estava com um sorriso bonito... e eu fiquei olhando... Ela se chama Giselda.
D: E não dá para você se sentar num lugar onde a Giselda esteja fora do seu campo visual?
Z: Sim, farei isso... [diz Zé, enquanto anota na agenda o conselho recebido]. Eu fiquei olhando e no intervalo, como ela foi para o xerox, fingi que precisava de xerox também só para ficar na fila do lado dela. E aí puxei conversa sobre coisas da

faculdade, nada demais, mas a imagem dela ficou na minha cabeça e à noite vieram as tentações... Mas no dia seguinte, antes da missa, já me confessei.

[...]

Z: Quanto à vocação, estou muito convencido de que ela é um presente de Deus, mas às vezes, sei lá, acho que não estou correspondendo a Deus; acho que estou nos meios de formação com muita rotina... as normas andam meio que sem graça. Durante o terço eu fiquei pensando na prova que ia fazer no dia seguinte...

D: Então não reze o terço sentado, reze andando!

[Nos centros, quando todos se reúnem para rezar o terço, cerca de metade dos numerários reza sentado, enquanto a outra metade reza andando em círculos.]
[...] [Zé, agora, vai falar de seu apostolado.]

Z: Anteontem, o Rubens [aquele rapaz que Zé "trata", que começou fazendo orientação científica no começo do ano e agora faz direção espiritual com o padre Alberto] me perguntou o que eu achava dos livros de um tal padre Cantalamessa...

D: Acho que é bom, ele é o pregador do papa. Mas diz para ele que é melhor ler os livros do Nosso Padre primeiro e depois ele lê outros autores espirituais. Ah, sobre aquilo que você me consultou na semana passada, eu vi lá na delegação [sede do governo estadual] o livro do tal do Augusto Cury, sobre a inteligência de Jesus [Zé tinha consultado para saber se era bom, pois o Rubens está lendo]. Não é bom não: é baboseira, auto-ajuda, água-com-açúcar, coisa pra carismático... Mas não diz desse jeito para o Rubens, que ele pode estranhar. O melhor é você pedir que ele lhe empreste esse livro para você ver como é e você empresta para ele o *Jesus Cristo* da Quadrante, do Perez de Urbel (se ele comprar, melhor); diga para ele que, quando os dois acabarem, vocês destrocam... Como ele não vai acabar nunca as quinhentas páginas do Urbel, o problema fica resolvido sem criar caso... esse rapaz tem que ir pelo plano inclinado.

Z: Mas eu fui procurar sobre esse livro na internet e comecei a navegar e...

D: Zé, de novo? Você sabe o critério: internet só o mínimo essencial e só para buscas preestabelecidas: é como o critério que o padre Fausto dá até na direção espiritual para cooperadores mais encaixados: "De cada dez que navegam na internet, nove acabam se chafurdando na lama...".

Z: Não, não foi coisa contra a pureza não, aliás nem dá para entrar porque eu só acesso na sala dos alunos na faculdade. É que minha mãe me falou de um tal *site* Opuslivre e também da comunidade Opus Dei Brasil no Orkut...

D: Você sabe que esses *sites* são de gente rancorosa, traidores! Você não lembra que o padre [o prelado, Javier Echevarría] falou numa tertúlia em San Sebastián: o perigo da internet não é só a pornografia e...

Z: Eu já confessei por ter entrado nesses *sites*...

D: Olha, Zé, você quer saber qual é o problema? Me diz uma coisa: como anda a sua mortificação?

Z: Normal, quer dizer, nesses dois dias mais frios eu não tomei o banho frio. Não usei o cilício uma vez nesta semana...

D: E a mortificação interior? Da curiosidade? Da soberba? Claro, você dorme na oração da manhã [a meia hora de oração que se faz nos centros das seis às seis e meia], você deve lembrar que temos que dar bom exemplo para nossos irmãos. E como você acaba não fazendo oração, depois não tem forças na alma para resistir...

[Ao longo de toda a conversa, o Zé vai anotando humildemente na agenda e, claro, nunca pode contra-argumentar nada, seria mau espírito: os conselhos da conversa devem ser recebidos com "espírito sobrenatural" porque vêm de Deus.]

D: ...Mas não se preocupe, se você tiver que entrar na internet, mesmo que seja para estudar Mecânica dos Fluidos, reze antes uma Salve-Rainha e pense naquela parte que diz: "Esses vossos olhos misericordiosos a nós volvei".

[E assim vão se passando os quarenta minutos da conversa. Depois de "soltar todos os sapos", Zé aproveita para fazer umas consultas.]

Z: Eu estava pensando em ir almoçar domingo com meus pais.
D: Quando foi a última vez que você esteve com eles?
Z: Exatamente há um mês.
D: Não convém criar hábitos nessas visitas à família de sangue, espere umas duas semanas e aí você volta a me consultar.
Z: Tudo bem, mas é aniversário da minha irmã...
D: Não convém ["não convém" é a fórmula codificada para dizer "nem pensar"] criar expectativas, principalmente nos aniversários e datas especiais da família de sangue. Dê umas duas semanas: diga qualquer coisa, que você vai para uma atividade fora, que tem que estudar pra prova na faculdade e telefone na antevéspera, cumprimentando...
Z: Ah, acabei de fazer aquela correção fraterna para o João. Que ele acende as velas do oratório na ordem errada.
D: Ah, boa! Aproveite e faça uma outra. Não quero fazer eu mesmo, é melhor alguém que não seja do conselho local (o diretor, o subdiretor e o secretário: os três encarregados do governo do centro). Ele perguntou na sala de jantar que remédios o Roberto, o Maurício e o Carlos estavam tomando. Diz para ele que não é para perguntar essas coisas; deixe cada um tomar os remédios de que precisa, tanto mais que ele devia ter reparado que eram tarja preta; diga também que Nosso

Padre sempre nos ensinou a "estarmos nas coisas de nossos irmãos" e que ele deve reparar que esses irmãos nossos estão precisando de orações, pois estão sendo atendidos pelo dr. Alec [o numerário psiquiatra que vem do Uruguai atender os numerários doentes do Brasil].

Z: OK, *Pax*!

D: *In aeternum*!

Jesuítas de terno e gravata

Os membros do Opus Dei, na expressão do jornalista Otavio Frias Filho, são "jesuítas de terno e gravata", imagem que necessita de uma breve explicação. Os jesuítas, não obstante o bem que realizaram no mundo ao longo de quase cinco séculos de existência, foram constantemente vistos como uma ordem religiosa obcecada pelo poder, como se lê, por exemplo, neste trecho de um famoso livro: "Os astutos jesuítas [...] não desperdiçaram todos os seus esforços na educação dos pobres. Penetraram nos palácios dos poderosos e tornaram-se tutores dos futuros imperadores e reis"[3]. Mas o que realmente impressiona é saber que o superior geral dos jesuítas por quase vinte anos (1965-1983), o também espanhol padre Pedro Arrupe, considerado o fundador da nova Companhia de Jesus pós-Vaticano II, fez a seguinte declaração sobre os filhos de Josemaría Escrivá: "Vendo o que eles são hoje, vejo o que nós fomos ontem e jamais deveríamos ter sido"[4].

O que eles, os membros da Obra, são e jamais deveriam ter sido? Para quem se restringe a ler, e de maneira simplória, os escritos oficiais emanados dos órgãos informativos do Opus Dei, ou mantém uma relação superficial com a instituição (apenas freqüenta algum centro cultural em que moram numerários ou numerárias, recebe esporádica direção espiritual de um sacerdote da Obra, participa de alguma iniciativa de assistência social mantida por colaboradores ou membros da prelazia etc.), tal pergunta soa incompreensível e tangencia a calúnia. Afinal de contas, por que desconfiar de uma obra divina, preocupada exclusivamente em fazer o bem, em promover a santidade, em divulgar a mensagem evangélica, em difundir a doutrina cristã, em pregar a filiação a Deus-Pai, em falar de Jesus Cristo, em atuar segundo a inspiração do Espírito Santo, em levar as pessoas a desenvolverem uma intensa vida de piedade?

No entanto, se lermos melhor determinadas palavras do fundador da Obra a respeito dos objetivos da instituição, não é de todo errado imaginarmos que, sem usarem o hábito religioso (pois não se definem como pertencentes a uma ordem religiosa nem querem ser reconhecidos socialmente como adeptos de uma instituição da Igreja), os membros da Obra são convidados a usar o "uniforme" (terno e gravata) dos políticos, dos empresários, dos intelectuais, para chegarem a ocupar os postos mais altos da sociedade:

> Faz muitíssimos anos, desde a própria data da fundação do Opus Dei, que meditei e fiz meditar umas palavras de Cristo relatadas por são João: "E eu, quando for levantado sobre a terra, atrairei tudo a Mim" (12, 32). Cristo, ao morrer na cruz, atrai a Si a criação inteira; e, em Seu nome, os cristãos, trabalhando em meio ao mundo, hão de reconciliar todas as coisas com Deus, colocando Cristo no cume de todas as atividades humanas[5].

Uma interpretação mística dessas belas palavras de Josemaría Escrivá pode nos fazer pensar que cada cristão que trabalhe com o coração posto em Deus contribuirá para a redenção do mundo silenciosamente, em espírito de oração e penitência, como um Cristo pregado na cruz, humildemente, sacrificadamente, entregando sua vida em holocausto. E tudo isso é verdadeiro... até certo ponto. A partir de certo ponto... o cume das atividades humanas pode concretizar-se num ministério da cultura, na presidência de uma empresa, na direção de um jornal, o que também, em princípio, só deveria alegrar uma alma cristã. Que tranqüilidade sabermos que um santo chegou ao cume de uma empresa, que um santo cuidará dos destinos de uma pasta ministerial, que um santo poderá filtrar as informações de um noticiário!

Porém, um passo a mais no aprofundamento da leitura daquele parágrafo de Escrivá começa a gerar preocupações. No momento em que uma instituição cristã concentra seus objetivos em colocar a Cristo (leia-se: um cristão formado pelo Opus Dei) em postos de poder, responsabilidade e decisão dentro da sociedade, roçamos, mesmo que levemente, a mentalidade teocrática, segundo a qual o poder civil, exercido por pessoas inspiradas por Deus, será mais bem exercido. Ou seja, passa a ser decisivo para o Opus Dei que seus membros ou colaboradores exerçam o poder. Não é por acaso que dom Rafael Llano Cifuentes, sacerdote numerário que é bispo de Nova Friburgo, quando foi elevado ao episcopado, escolheu como lema precisamente: "Omnia Traham ad Meipsum", ou seja: "Tudo atrairei a mim".

É um sinal de predileção divina que uma pessoa formada na mentalidade do Opus Dei possa estar à frente da sociedade e nela atue como "fermento e sal". Um exemplo recente e próximo pode ilustrar o que estamos dizendo. Não precisaremos recorrer à Espanha franquista. Basta observarmos o recente quadro político brasileiro. Num artigo do número 1785 da revista *IstoÉ*, de 17 de dezembro de 2003, lê-se o seguinte trecho de uma reportagem assinada por Mário Simas Filho:

> Inspiração: há 27 anos Alckmin carrega um bilhete de seu pai na carteira. O texto explica seu modo de governar.
> Quando completou 24 anos, em 7 de novembro de 1976, Geraldo Alckmin Filho estava angustiado. Ele sonhava ser médico, cursava o quinto ano de medicina, era vereador em Pindamonhangaba e na semana seguinte disputaria a eleição para prefeito da cidade. Logo pela manhã, recebeu um bilhete de seu pai. A mensagem manuscrita dizia: "Estás intranqüilo. Olha, aconteça o que acontecer em tua vida interior ou no mundo que te rodeia, nunca te esqueças de que a

> importância dos acontecimentos ou das pessoas é muito relativa. Calma... Deixa correr o tempo e depois, olhando de longe e sem paixão os fatos e as pessoas, adquirirás a perspectiva. Darás a cada coisa o seu lugar, de acordo com o seu verdadeiro tamanho. Se assim o fizeres, serás mais justo e evitarás muitas preocupações. Que Deus te faça imensamente feliz. Com todo o amor, as bênçãos do papai".
>
> Hoje, aos 51 anos, casado e pai de três filhos, o médico anestesiologista Alckmin ocupa o principal gabinete do imponente Palácio dos Bandeirantes, sede do governo paulista. Comanda o segundo maior orçamento do país e a 15ª economia mais competitiva do mundo, à frente de países como Itália, Argentina e Rússia. Em sua carteira, ainda carrega o bilhete recebido há 27 anos e se emociona cada vez que o lê. "Perdi minha mãe com nove anos e quem mais influenciou minha vida foi meu pai", diz. A mensagem transmitida no bilhete explica o jeito Alckmin de governar, sempre com a razão à frente da emoção.

Aqui termina o trecho que nos interessa. E aqui podemos transcrever o ponto n. 702 de *Caminho*, a obra mais conhecida de Josemaría Escrivá:

> Estás intranqüilo.
>
> – Olha: aconteça o que acontecer na tua vida interior ou no mundo que te rodeia, nunca te esqueças de que a importância dos acontecimentos ou das pessoas é muito relativa.
>
> – Calma. Deixa correr o tempo; e, depois, olhando de longe e sem paixão os fatos e as pessoas, adquirirás a perspectiva, porás cada coisa no seu lugar e de acordo com o seu verdadeiro tamanho. Se assim fizeres, serás mais justo e evitarás muitas preocupações.

Escrivá não é mencionado no texto do jornalista Mário Simas Filho; o Opus Dei também não. Mas está claro que existe uma relação entre uma figura de destaque da política e a instituição religiosa. Até onde essa relação pode chegar, é difícil saber. Seja como for, essa matéria numa revista de grande circulação provocou certa euforia entre os membros da Obra. Demonstrava-se, na prática, que o Opus Dei no Brasil estava chegando lá...

Geraldo Alckmin Filho, governador do estado de São Paulo, como todo bom político, busca o apoio de diversos setores da sociedade. Não sendo membro do Opus Dei, o mais provável é que desconheça as práticas dos bastidores da instituição que são apresentadas neste livro.

Não foi uma reportagem desmotivada. O mesmo Geraldo Alckmin Filho, no papel de governador de São Paulo, fora convidado para ministrar a palestra de abertura do VII Master em Jornalismo para Editores (tema: "As relações entre governo e mídia"), no dia 17 de março daquele mesmo ano de 2003, no Centro de Extensão Universitária (CEU), entidade presidida pelo doutor Ives Gandra da Silva Martins (membro supernumerário do Opus Dei) e dirigida pelo professor Carlos Alberto Di Franco (membro numerário responsável pelas relações da Obra com a mídia), durante a qual o governador elogia a iniciativa.

Contudo, esse treino voltado para jornalistas que ocupam ou vão assumir cargos de editores, certo "cume" dentro da mídia, obedece ao desejo e às intenções de Josemaría Escrivá, que dizia: "Temos de embrulhar o mundo em papel impresso"[6].

Houve, nesse sentido, diversas iniciativas na Europa atrelando o Opus Dei a projetos editoriais e culturais. Como a história se repete! Essa prática se reproduziria no Brasil a partir da década de 1980, quando a Editora Quadrante, à frente da qual estavam quatro numerários (Emérico da Gama, Luiz Eduardo de Aguiar Meira, José Carlos de Souza Lima e Henrique Elfes), lançou livros de "boa doutrina", distribuindo quotas de venda de assinaturas entre os membros brasileiros e deles cobrando resultados semanalmente. E o faziam misturando a autoridade do editor, Emérico da Gama, com a autoridade ainda mais constrangedora proveniente do alto cargo de governo – o segundo na hierarquia – que exercia dentro do Opus Dei brasileiro.

A "boa doutrina" consiste em difundir o estilo de vida pregado pelo Opus Dei. Esse *modus vivendi* compõe-se de uma cuidadosa e intransigente proteção dos valores morais (sobretudo no que diz respeito à obediência, à temperança e à castidade), da família numerosa, da existência regrada, da rigorosa vida de piedade (manifestada na freqüência assídua aos sacramentos, especialmente à Eucaristia e à Confissão) e do trabalho intenso, contínuo, incansável. Na medida em que esse estilo de vida seja adotado ou pelo menos elogiado por figuras de destaque na sociedade, mais facilmente será possível converter o mundo, santificar o mundo, para a glória de Deus...

O plano está traçado há muito tempo. Trata-se de dar um rumo cristão (à Opus Dei) a todas as atividades humanas, sobretudo às de maior ressonância, criando uma ideosfera própria. Tudo depende do esforço e da generosidade de uma "esmagadora minoria" de católicos conscientes, de católicos que não se deixam vencer pelo conformismo. Para pensarmos de acordo com os padrões do Opus Dei, um católico consciente, capaz de transformar a sociedade, é um católico mais "ligado" do que os outros:

> Você já viu um farol aceso? E outro sem acender? São iguais, mas um tem luz e o outro não. Então, o farol aceso é o do Opus Dei. Está claro? De modo que um católico é igual a outro católico, mas, se se lhe acende uma luz dentro... e ele responde e não a apaga, esse é do Opus Dei. Essa é a diferença: ele dá luz, ele dá calor, ele atrai[7].

O católico que pertence ao Opus Dei está aceso, dá luz, calor, ilumina os caminhos da terra. Já os outros católicos... Essa é uma constante sensação experimentada pelos que ingressam na instituição. Sentem-se cristãos comuns... mas não tão comuns assim. De fato, receberam uma vocação divina que "aciona" a vocação cristã, denunciando, de certa forma, que os outros cristãos estão apagados, alienados, acomodados...

Caridade ou luta pelo poder?

É impossível fechar os olhos para a luta que se desenrola, dentro e fora da Igreja, pelo poder. Um poder que não se limita à esfera política. O que se busca – e o Opus Dei busca com todas as forças – é o "poder sobre", o poder que se exerce sobre os outros seres humanos: poder de mandar e ao qual se deve obedecer, que implica controle e, não poucas vezes, punição. Poder que pressupõe autoridade para recompensar e para censurar. Poder que é dominação; e, quanto mais silenciosa a dominação, quanto mais revestida de "caridade" e de religiosidade, mais eficaz e duradoura.

Quem viveu dentro do Opus Dei como numerário sabe que a instituição exerce sobre seus membros celibatários um poder praticamente ilimitado. O numerário é, por definição, aquele que se entrega para obedecer. É o protótipo do santo, segundo o espírito de Josemaría Escrivá. Dentre todos os católicos que ingressam no Opus Dei, caracteriza-se, e se imagina, como o farol mais aceso, mais brilhante, contanto que, ao mesmo tempo, aceite ser plenamente dominado pela instituição e em nome dela, eventualmente, tenha que se apagar socialmente, enterrar-se vivo, abnegadamente, em trabalhos burocráticos internos. O numerário será bem-vindo ao Opus Dei desde que faça o seu "eu" desaparecer e assuma como finalidade individual a finalidade institucional. Ser Opus Dei é a grande ambição espiritual de um numerário. Absorvido pela instituição, passa a exercer (caso chegue ao cume de uma atividade humana, que inclui cargos dentro da Igreja Católica) o poder que o Opus Dei quer exercer no mundo. Não se trata de uma operação "espiritual" simples. Uma identificação desse teor opera-se no subterrâneo da alma. O fim corporativo toma todos os espaços, compromete a liberdade individual até a raiz, é o "nirvana opusdéico", em que a alma singular se perde no corpo da instituição.

Evidentemente, o discurso oficial do Opus Dei é outro. Se se pergunta em que medida o Opus Dei pode influenciar o mundo e a Igreja, a resposta é a mais piedosa possível. A resposta oficial é que a principal influência que os fiéis da prelazia exercem é por meio da oração. Todos os leigos e sacerdotes do Opus Dei, mais de oitenta mil pessoas, rezam diariamente pelo papa, pelos bispos, pela unidade dos cristãos (são orações incluídas nas preces que os membros da Obra recitam todos os dias, após beijar o solo piedosamente), e essa súplica coletiva, de um grupo tão compacto, eleva-se dos cinco continentes a Deus, e é essa oração que produz todos os bens de que a Igreja e a sociedade necessitam.

O Opus Dei nunca admitirá que possui uma estratégia global de ação na sociedade. Segundo as declarações que seus dirigentes fazem, o "espírito de santificação do trabalho cotidiano" constitui o estímulo mais do que necessário para fazer desse trabalho um serviço eficaz, um instrumento para promover a justiça e exercer a caridade.

Mas o que significa, na prática, esse espírito de santificação do trabalho cotidiano para promover a justiça e exercer a caridade? Belas palavras podem não levar a belas realidades. A elasticidade das palavras empregadas no Opus Dei é assustadora quando se procura esmiuçar, no dia-a-dia, o emprego de frases que todo membro da Obra sabe repetir de cor e salteado, sem dar-se conta exatamente do que está dizendo e de quanto, muitas vezes, o que está dizendo contradiz o que realmente se faz.

Para descermos a detalhes e voltando a mencionar o esforço que o Opus Dei no Brasil realizou, por intermédio da Editora Quadrante, para divulgar a "boa doutrina" e os escritos de Josemaría Escrivá, trazemos à luz um episódio ocorrido com um numerário. É algo que parece inacreditável, mas de fato se deu. O testemunho foi recolhido por nós em dezembro de 2003, e protegemos o nome do interessado com um pseudônimo e o nome do subdiretor envolvido (hoje também ex-membro do Opus Dei) com iniciais:

"Conversando com outro ex-numerário do Opus Dei, lembreime de um fato que tinha apagado de minha memória. Como se sabe, a saída da Obra é algo traumático, o que, como qualquer psicólogo confirmará, é capaz de causar o esquecimento dos eventos mais significativos. [...] No caso concreto da Editora Quadrante, é sabido que os membros do Opus Dei são chamados a cumprir metas de venda de assinaturas do Círculo de Leitura (CL) dessa editora. Existem (ou pelo menos existiam no tempo em que eu era numerário) reuniões semanais de 'campanha' de assinaturas, nas quais se cobrava de cada membro um mínimo de obtenção de assinaturas no período.

A exigência no cumprimento de tais metas pode chegar a extremos, como aquele ao qual fui submetido. Cumpri-las sempre foi para mim uma tortura. Não conseguia entender a razão pela qual o 'apostolado de amizade e confidência' (a essência do apostolado da Obra, segundo seu fundador) podia se fazer instrumentalizado em uma campanha de venda de livros para quem quer que fosse.

Nessas circunstâncias, era natural que meu desempenho como 'vendedor' do Círculo de Leitura fosse medíocre. Esse fato fez com que D. C. Z., o subdiretor de meu centro (o de Vila Mariana), a mando sabe-se lá de quem (pois nunca me pareceu que tal atitude pudesse condizer com a imagem que eu fazia de tal pessoa), me dissesse que 'eu não deveria voltar ao centro (minha casa) antes de obter uma assinatura do CL'.

Ora, em tal circunstância, tentei, desesperadamente, obter um assinante. Não tendo sido possível e diante da ordem que me fora dada, não me restou outro recurso senão procurar algum local em que pudesse passar a noite com um mínimo de segurança. Assim sendo, passei a noite num banco do Terminal Rodoviário do Tietê. No dia seguinte, voltei ao meu centro, profundamente humilhado, tendo que admitir que não tinha encontrado um assinante" (*José Tomás*).

Mais tarde, obtivemos um testemunho complementar, corroborando o que lemos há pouco:

"Não tenho muito para acrescentar ao testemunho de José Tomás. Eu era o subdiretor do centro da Vila Mariana e tinha o encargo de acompanhar o desempenho dos numerários na campanha do Círculo de Leitura da Editora Quadrante. Como o José Tomás tinha um desempenho medíocre, Eugênio Callioli (hoje, padre Eugênio), que era o diretor do centro, mandou que eu desse um ultimato: 'José Tomás, ou você consegue uma assinatura hoje, ou não dorme em casa'. O resto está narrado pelo próprio José Tomás.

O fato de eu, como subdiretor, ter obedecido à ordem do Eugênio não diminui a minha responsabilidade. Para entender melhor como aquelas barbaridades eram aceitas em um ambiente supostamente cristão, é preciso compreender em que contexto foram praticadas. A própria atitude de submissão do José Tomás é incompreensível fora daquele contexto enlouquecedor" (*D. C. Z.*).

Trata-se de uma situação limite, mas que dá uma idéia de como as injustiças cometidas dentro da instituição seguem uma dinâmica em que os fins (atingir metas estabelecidas pela prelazia para alcançar uma influência sobre a sociedade) justificam os meios, colocando em último plano qualquer idéia de caridade ou de justiça...

Cabe aqui uma nota de esclarecimento. Não se pense que José Tomás seja um caráter fraco e pouco inteligente. Muito pelo contrário, trata-se de uma das inteligências mais brilhantes da universidade brasileira e dono de uma força de vontade e de uma personalidade suficientemente firmes para realizar pesquisas de fôlego e exigentes. A conclusão que se deve tirar desse episódio é simplesmente que o processo de controle mental do Opus Dei é que é muito poderoso...

Pasteurização da realidade: o Opus Dei e a família

No Opus Dei, os fins espirituais justificam os meios humanos. No Brasil, como em todo o mundo, convém que o Opus Dei se apresente sempre como uma instituição fortemente alicerçada nos valores da tradição cristã, no ideal evangélico, na difusão da doutrina católica e, como nos interessa agora destacar, na defesa da família.

No entanto, como veremos logo a seguir, a mesma família que em tese é defendida, transforma-se numa família entre aspas, numa "família" a ser colocada em segundo plano, pois a instituição trata de afastar os membros numerários (que oferecem a base de expansão do Opus Dei, mantêm a máquina burocrática e dão o apoio doméstico, no caso das mulheres, e as ordenações, no caso dos homens), trata de arrancá-los de suas raízes e tê-los plenamente integrados à "família sobrenatural" da Obra. Na lógica pasteurizadora do Opus Dei, a Obra surge como defensora inconteste da família, imagem que deve ser vendida e comprada sem questionamentos. Todo e qualquer católico que leia os panegíricos da família feitos pela Obra não poderá imaginar que o próprio Opus Dei, na sua prática real, concreta, cotidiana, na sua história interna, possa sequer arranhar o santuário que é uma família. Tal barbaridade, porém, acontece. E não é só de arranhões que estamos falando.

Transcrevemos a seguir as palavras de outro ex-numerário (cujo nome também protegemos com iniciais), recolhidas em fins de 2003:

"Em 199..., meu pai resolveu abandonar minha família, e minha mãe não tinha estrutura para bancar sozinha as despesas da casa. Nessa época eu já era numerário, mas estava estudando. Daí passamos por enormes dificuldades financeiras aqui em casa... A Obra me ajudou bastante nessa fase, mas eu não entendia por que me dedicava a Deus, e Ele não cuidava da minha família. Achava isso injusto. Eu sofria vendo minha mãe perder o amor da vida dela e se humilhando para arrumar algum dinheiro para nos sustentar...

Bem... quando a situação ficou feia mesmo, tive que arrumar um emprego para que a gente não passasse fome, e com isso eu não poderia ir morar no centro. Aí começaram os problemas... Ouvi absurdos de pessoas que nunca imaginei que pudessem falar aquilo, coisas totalmente fora da caridade cristã, como um sacerdote da delegação do Rio e o diretor da Vila Mariana...

Segundo eles, eu tinha que pensar que minha mãe ficara viúva e que ela teria que se virar como qualquer outra. Mas naquele momento o que mais minha mãe precisava era do apoio dos filhos dela, em todos os sentidos...

Comecei a me revoltar com Deus... Eu era campeão de vendas do Círculo de Leitura lá no meu centro, sempre enchia as salas de estudos com os meus amigos, vendia os cartões de Natal, ficava lá o dia inteiro e depois chegava em casa e via minha mãe chorando e sofrendo... isso me partia o coração. Eu não entendia como me dedicava tanto a Deus, e Deus abandonava minha família!

Aí veio a gota d'água... Eu tinha que fazer um retiro. Como não consegui o dinheiro, fui pedir para a minha mãe. Ela se sacrificou e arrumou a grana. Eu paguei, só que esqueci do dinheiro das passagens. O secretário falou que as passagens eram por minha conta; falei que não tinha o dinheiro e acabei não indo ao retiro...

Eles ficaram com aquele papo-furado de família numerosa e pobre, que o Opus Dei é pobre etc... E na semana seguinte a delegação apareceu com um Santana zero-quilômetro... Numerosa e pobre??? Compram um Santana (que na época ainda era um carro bom) e depois dizem que não têm dinheiro para uma passagem de ônibus?!

Então eu vi que esse papo de família é conversa fiada. Que família é essa em que o dinheiro vem em primeiro lugar??? Daí eu saí do Opus Dei, graças a Deus minha família se recuperou e hoje eu sigo minha vida muito bem!!!

Ah... Até esqueci de falar... Saí logo depois desse acontecimento e nem me devolveram o dinheiro do retiro!!! Eu devo ter pago o primeiro tanque de gasolina do Santana...

A gente pode elaborar um inventário da frota da Obra, tirando as Kombis. Numerário só pode andar de Kombi ou de ônibus. Um dia, o padre O. G. me contou, se gabando, que num centro da Obra em Roma (no qual esteve morando em 1992) tinha um Audi e um Passat para os numerários. Assim é fácil viver a pobreza...

É duro ver um pai indo embora de casa sem dar uma explicação e nenhuma assistência, eu sofri pra caramba! E, na Obra, eu acho que ninguém está preparado para ajudar num caso desses... Uma coisa é haver uma separação, mas os pais continuarem dando assistência aos filhos; outra, bem diferente, é um pai esquecer que criou uma família e abandoná-la de uma hora para outra...

Eu assumi esse fato como minha cruz pessoal, mas, se a Obra tivesse feito o 'algo mais' em generosidade que ela sempre pede de todos que se aproximam dela, talvez eu ainda estivesse lá... Afinal de contas, já que ela sustenta tanta gente que não faz nada, bem poderia ter dado um sustento para minha mãe até que ela se restabelecesse financeiramente.

Mas não, a Obra virou as costas para mim e ainda queria que eu virasse as costas para quem me deu a vida, me educou e me possibilitou entrar na Obra... Isso eu não poderia fazer de forma alguma! Se nem o Nosso Padre virou as costas para a mãe dele, por que eu abandonaria a minha mãe???" (*G. S.*).

O testemunho acima não é pasteurizado. Mostra tristeza, dor, revolta. Não é um discurso triunfante. Ao contrário, retrata a dor de uma pessoa de carne e osso, que não experimentou, da parte da instituição à qual se entregara com todas as forças do seu idealismo, a mesma generosidade que dela exigiam.

Não se trata, como alguém poderia alegar, de um caso isolado. É prática institucional do Opus Dei, a par dos discursos oficiais em que enaltece a família, ensinar aos numerários (membros que, tanto na seção masculina como na feminina, constituem a base imprescindível para as tarefas burocráticas internas e para a manutenção e expansão da Obra) que, ao ingressarem na prelazia, a família em que nasceram seja chamada, dali em diante, "família de sangue", em contraste com a família sobrenatural do Opus Dei, cujos laços são infinitamente mais fortes e duradouros. Os laços de sangue são relativizados, como se também não fosse sobrenatural a família que Deus escolheu para que dela cada um de nós nascesse!

O testemunho de uma ex-supernumerária portuguesa poderá lançar outras luzes sobre a "realidade real" da vida intra-Opus Dei. Um longo testemunho em que "Marypt", referindo-se ao seu caso pessoal, trata das relações entre irmãos "de sangue" que pertencem à Obra – ela, supernumerária por alguns anos, e a irmã numerária:

"Somos irmãs duplamente, mas não se sabe qual dos dois tipos de fraternidade deve prevalecer, porque as regras são diferentes para a fraternidade natural e para a fraternidade espiritual. Era ainda mais complexo: em boa verdade, para a minha irmã numerária a 'fraternidade espiritual' deveria prevalecer; para mim, a fraternidade natural mais do que prevalecia, era a única que eu sabia viver com a minha irmã... Mas, como para viver uma relação são necessárias duas pessoas sintonizadas na mesma onda, então [...] na prática eu tinha perdido a minha irmã desde o dia em que ela apitara.

As circunstâncias da vida encarregaram-se de confirmar essa percepção por vezes de forma muito dolorosa: em quase todos os momentos importantes da minha vida pessoal, tive de suportar algum 'espinho cravado' pela minha irmã. Na cerimônia de fim do meu curso não pôde estar presente porque estava muito ocupada com qualquer coisa da Obra; no dia em que a minha família e a família do meu noivo se conheceram, ela estava a poucos quilômetros de distância, mas não podia interromper o curso anual para se juntar a nós; numa festa para a qual lhe pedi emprestada uma peça de roupa porque não conseguia encontrar nas lojas aquilo de que precisava, declarou-me – depois de consultar a diretora – que não o podia fazer 'porque nada do que tinha lhe pertencia' etc. etc.

Além disso, tinha o cuidado de me recordar que – sendo também eu da Obra – devia compreender melhor do que ninguém as especificidades da sua vocação e ser a primeira a não levantar problemas. E eu assim procurava fazer, mas muitas vezes magoada até ao mais fundo de mim mesma, porque o 'desprendimento' que era suposto que a minha irmã vivesse em relação à família de sangue a levava a comportamentos de total insensibilidade. O mais cruel desses comportamentos foi o fato de, por ocasião do nascimento do meu primeiro filho – e vivendo na mesma cidade –, ter sido a única pessoa próxima que não me foi visitar na maternidade e com a seguinte agravante: telefonou-me, disse-me que tinha passado perto, mas que não tinha tido tempo de entrar e que viria a minha casa quando pudesse... O que sucedeu apenas quase duas semanas depois!

A minha tristeza foi muito profunda: como era possível que a minha própria irmã não percebesse que eu estava vivendo um dos momentos mais importantes da vida, o nascimento do primeiro filho?! E que me aparecesse em casa como se tratasse apenas de ver a nova decoração da sala ou as fotografias de uma viagem?! Ah! E ainda sugerindo que eu fizesse 'boa cara' e não mostrasse ao meu marido e, sobretudo aos nossos pais, o meu desapontamento.

Com o passar do tempo, perdoei-lhe essa atitude inconcebível, não porque ela tivesse se arrependido, mas porque me apercebi tristemente de que ela tinha se tornado incapaz de entender os sentimentos mais naturais das pessoas!

Muitas vezes me preocupei, e continuo a me preocupar, como pode a minha irmã realizar 'trabalho de são Gabriel'[8], atender supernumerárias casadas e com filhos, dar-lhes conselhos de vida espiritual e indicações de toda a ordem... se ela não entende a vida familiar dos próprios irmãos!

Nos encontros de família eram freqüentes as discussões a propósito de múltiplos assuntos, com mais ou menos importância: pode-se ou não freqüentar tal praia; pode-se ou não ver o filme Y ou ler o livro Z; etc. etc.

Tornava-se ridículo porque – sendo eu e a generalidade dos membros da nossa família católicos coerentes com a fé cristã – a defesa da ortodoxia por ela feita soava falso a quem não tinha experiência real da vida, antes repetia fórmulas que aprendera na vida de imersão que levava na Obra.

Muitas vezes pensava comigo: 'Quando será que ela vai começar a pensar com a sua própria cabeça?'

Paradoxalmente, parecia que as maiores discussões se davam precisamente comigo. Penso que a justificação residia no fato de, no fundo, entender que eu devia ser a última pessoa que podia discordar da sua opinião dogmática. E então quando o tema da conversa incidia sobre casamento, filhos, educação...

Não se pense que discutíamos questões complexas como o divórcio, o controle de natalidade ou coisa parecida. Nada disso! Apenas surgia, por exemplo, uma conversa na qual se falava de uma pessoa conhecida que tinha dificuldades em engravidar. Se eu dissesse: 'Ter o primeiro filho com mais de quarenta anos não é fácil. E, além disso, correm-se mais riscos...'. Tinha como resposta da minha irmã: 'Quais riscos?'. Explicava eu: 'Bem, como você deve saber, há mais riscos para a mãe e sobretudo riscos de se ter uma criança deficiente'. Surgia a resposta radical da 'dona da verdade': 'Não vejo qual é o problema. Se a mãe morrer, vai direto para o céu, pois morre por uma causa nobre; e se a criança for deficiente, deve-se aceitar como uma bênção de Deus!'.

Nessa altura, eu perdia a paciência e dizia-lhe: 'Esses são princípios morais abstratos, mas que em nada resolvem o sofrimento concreto das pessoas. Se me sucedesse algo assim (ter um filho deficiente), pediria a Deus que me ajudasse a aceitar a situação. Mas você não pode sequer imaginar a dor dos pais de uma criança deficiente!'.

Enfim, em vez de uma irmã, tinha uma 'cartilha moral ambulante'!!!

Curiosamente, depois de eu deixar a Obra, tornou-se mais compreensiva e tolerante. Parece que passou a encarar-me como sendo sua irmã 'de carne e osso' e não uma 'irmã espiritual' como os demais membros da Obra.

É certo que também, com o passar dos anos, se aproximou mais da família 'de sangue': pais, irmãos, sobrinhos, tios e outros parentes. Mas para tal foi decisivo que – por motivos profissionais – tivesse continuado a viver na mesma cidade. Muitas outras famílias com filhos numerários não tiveram a mesma sorte: os filhos ou filhas foram enviados para outras cidades, ou mesmo para outros países; e, então, todos os motivos são bons... para não visitar a família; ou, ainda pior, para não estar disponível para receber a família que se deslocou de propósito para o ver. São inúmeros os relatos de sofrimento de pais de amigas minhas. Um caso real: 'Fomos a Castelgandolfo para a podermos ver ao fim dos dois anos em que está no Colégio Romano e só a *libertaram* o tempo suficiente para almoçar conosco. Depois, regressamos a Roma e voltamos para Portugal!'.

Este conflito acerca do tempo de que os numerários dispõem para dedicar às suas famílias é um dos principais motivos de conflito que permanece ao longo de anos e anos: a respeito da noite e do Dia de Natal; a propósito do Dia dos Pais que entre nós se festeja... no Dia de São José, ou seja, 19 de março; nos dias dos aniversários dos pais; e, claro, os conflitos causados pela recusa em participarem nas festas de família, sobretudo nos casamentos, festas 'perigosíssimas', onde a vocação celibatária pode ser fortemente abalada só por se olhar para os noivos encantados um com o outro. Mas também os simples batizados dos sobrinhos ou comemorações de um evento acadêmico, ou... qualquer outra circunstância 'normal' de uma 'família normal' de pessoas 'normais' que vivem no 'mundo normal'!

Acima de tudo, aquilo que – até hoje – ainda não consegui aceitar, não foram tanto as decisões da minha irmã de não estar presente, ou de ser a última a chegar e a primeira a sair... O que mais magoa, é a atitude de distanciamento, de frieza, com que isso é feito. Não conheço qualquer outra entidade sem ser o Opus Dei que faça com que os seus membros se comportem para com as próprias famílias num paradoxo afetivo: fazem-nos sempre um enorme favor em participar nos nossos eventos familiares, pelo que lhes devemos estar muito agradecidos, porque, pela sua atitude, mostram bem que não têm quaisquer saudades de nós; só nós, pobres de espírito, sentimos saudades deles. Esse padrão repete-se com uma semelhança assustadora de família para família!

Naturalmente que, ao fim de tantos anos, já não é a minha irmã que eu culpabilizo, mas apenas a Obra: que esforço não terá a minha irmã de ter feito para adquirir esta 'carapaça' de indiferença que não lhe permite mostrar sentimentos? Que técnicas de esvaziamento da mente e do coração terá a Obra utilizado para que alguém que nasceu e viveu no seio de uma família maravilhosa, se comporte como uma pessoa estranha que veio de visita?

Quando soube que eu não iria renovar a pertença à Obra num 19 de março já longínquo... a minha irmã, pela primeira vez em muitos anos, mostrou os seus sentimentos de grande tristeza e desapontamento. Ela chorou por causa disso, e eu chorei por causa dela! E sofri por saber que não era possível que ela entendesse que a minha decisão fora tomada com toda a liberdade e serenidade, seguindo a minha consciência e apoiando-me na força da fé em Deus!

E, ao sentir um enorme alívio por deixar o Opus Dei, tive de suportar mais este 'espinho': a incompreensão da minha irmã! Ao mesmo tempo que estava segura de ter tomado a decisão correta, revoltava-me mais uma vez contra a instituição que não se limitara a 'roubar-me' a irmã antes de completada a sua infância, mas ainda lhe fizera uma 'tal lavagem cerebral' que, genuinamente, ela considerava que sair da Obra era um ato gravíssimo... porventura mais grave do que perder a fé!!! E, assim, a mesma instituição me 'roubou' novamente o afeto da minha irmã!

Com tempo, com paciência, com oração confiante a Deus que pode curar todos os corações feridos... as nossas relações fraternas têm melhorado. Tenho esperança de que chegará o dia em que o Opus Dei deixará de ser um obstáculo entre nós e voltaremos a ser apenas nós próprias, juntas, diante de Deus, nosso Pai![9]".

De novo, um testemunho vivo, em contraste com os elogios oficiais da "fraternidade" humana e sobrenatural do Opus Dei.

Repetimos: a menos que uma pessoa tenha contato direto, sem véus, sem paliativos e disfarces, com a realidade diária do Opus Dei – com os bastidores do Opus Dei –, será praticamente impossível acreditar que uma instituição de tal modo unida à Igreja Católica, com um fundador canonizado no pontificado de um papa da estatura moral de João Paulo II, possa causar problemas familiares de tal magnitude.

Pode parecer terrivelmente cruel, mas um membro da Obra viverá com... "naturalidade" uma série de restrições para com sua família, considerando que, assim, manifesta fidelidade à vocação divina que Deus lhe deu. Por exemplo, um numerário deverá negar-se a ser padrinho de batismo do seu sobrinho, sem se preocupar com a mágoa ou com o escândalo que isso provoque. Ele, justamente ele que, aos olhos dos familiares, surge como uma pessoa empenhada em atingir a santidade, justamente ele negar-se-á a ser padrinho de batismo, ou de crisma, ou de casamento! Motivos? Seu compromisso com a Obra o impede: não poderá dar a devida atenção ao afilhado..., talvez nem permaneça no país... Desculpas que escondem a razão mais profunda: a de que um numerário tem de evitar um relacionamento profundo com a sua família... "de sangue", e isso sempre esteve definido por são Josemaría Escrivá.

O poder da linguagem manipuladora

Como bem ilustra o livro *1984*, de George Orwell, a ambigüidade da linguagem é essencial na dominação e na manipulação[10].

E o Opus Dei esgrime essa ambigüidade com maestria, razão pela qual é muito difícil, sobretudo para um numerário, escapar de sua sofisticada sofística e quase impossível, para um observador externo, a partir do repertório de textos disponíveis, identificar com um mínimo de precisão o que realmente é o Opus Dei e o que realmente pretende.

Tomemos como um primeiro exemplo o discurso do Opus Dei a respeito de seus ex-membros. O filósofo Karl Popper estabelece critérios para distinguirmos "conhecimento" de "dogmatismo". Enquanto o primeiro está aberto a rever suas hipóteses de trabalho à medida que confronta suas conclusões com a realidade dos fatos, o segundo é dotado de um "sistema imunológico" capaz de incorporar as contradições que venham a surgir. Popper legou-nos uma análise da atitude dos dogmatismos e seus mecanismos de (auto) imunização (*immunization*). Explica ele que o repertório de idéias e preceitos de uma seita está montado com uma amplitude e ambigüidade tais que qualquer fato que ocorra (ou possa ocorrer) sempre poderá ser visto (e será visto pelos adeptos da seita) como uma confirmação dos seus dogmas e da clarividência de seu líder. Em conseqüência, qualquer crítica sempre é passível de ser descartada como fruto da "desinformação" ou da "má fé"[11]. Amplitude, para que seja possível a convivência de idéias contraditórias, e ambigüidade, para que até mesmo a mais categórica afirmação tenha a necessária elasticidade para ajustar-se a fatos que a contradigam.

> Vejamos, assim, o caso do ex-membro como a instituição o vê. O ex-membro, segundo o Opus Dei, é sempre julgado sob uma luz negativa (em alguns casos ao ponto do ultraje) e, conseqüentemente, o que se lhe preconiza é uma vida infeliz e amargurada pelo remorso. O seguinte texto do fundador, citado com insistência no "programa de formação" do Opus Dei para seus membros, expressa bem essa posição: "Não encontrareis a felicidade fora de vosso caminho, filhos. Se alguém se desencaminhasse, ficaria com um tremendo remorso:

seria um infeliz. Até aquelas coisas que trazem às pessoas uma relativa felicidade, a uma pessoa que abandona sua vocação se revelam amargas como o fel, ácidas como o vinagre, repugnantes como o realgar"[12].

Como, concretamente, o "sistema imunológico" de que fala Popper atua no caso das pessoas que abandonam a prelazia? Ao contrário da maldição lançada pelo fundador, é muito freqüente que um ex-membro não seja amargo nem infeliz[13]. Em geral, melhora a sua saúde mental, espiritual e até física. Constitui uma família encantadora, encaminha-se ou reencaminha-se profissionalmente, sem arrepender-se de ter saído da instituição. Ora, como fica a afirmação "infalível" do fundador canonizado de que não há nenhum ex-numerário feliz, de que o "traidor" sentirá remorsos terríveis a vida inteira etc.?

Nesses casos, a imunização – e esta sempre explica as exceções –, a explicação dada pela instituição vai pelo seguinte caminho: sendo Deus infinitamente justo, não pode deixar de recompensar os atos bons que aquele ex-membro tenha feito. Como Deus, em sua infinita sabedoria, já sabe que a pessoa vai se condenar e, assim, não poderá ser recompensada na outra vida pelo pouco que fez de bom, a recompensa logicamente tem que vir nesta vida, sob a forma de felicidades terrenas: uma família encantadora, realizações profissionais...

Desse modo, qualquer que seja a realidade dos fatos, teremos a "verificação" da doutrina do Opus Dei: o ex-membro será um infeliz neste mundo, como previra o fundador. E se, excepcionalmente, não for infeliz, é porque Deus lhe concede alguma felicidade nesta terra, pois sabe que ele já está condenado ao inferno. No Opus Dei, como em qualquer sistema imunizado, as exceções são parte da regra.

Esse exemplo não é um caso isolado. A ambigüidade no discurso do Opus Dei estende-se a todos os assuntos: qualquer princípio do ideário da instituição, qualquer afirmação de seu fundador (e qualquer afirmação do fundador é dogmaticamente aceita por todos os membros) tem um contraponto, um contrário, que produz, afinal, uma indeterminação que abre caminho para o total arbítrio dos que mandam... (Sempre dispondo de explicações e sentenças do fundador "politicamente corretas"...)

Os exemplos de ambigüidade multiplicam-se. O fundador ensinou que o Opus Dei existe para "servir a Igreja como a Igreja quer ser servida". Como explicar, porém, a absoluta indiferença (ou desprezo mesmo) que a prelazia nutre por outras instituições e movimentos da Igreja? A explicação é a seguinte. O fundador dizia também que o Opus Dei tem mentalidade laical e é "anticlerical". Assim, se num dado momento convém à "política" do Opus Dei tomar de assalto um canal de TV católico como a Rede Vida, entra em vigor aquele princípio de que o Opus Dei existe para "servir" à Igreja, e a Igreja deseja que isso seja feito por intermédio da Rede Vida – a mesma Rede Vida, porém, que em outros momentos foi vista pejorativamente pelos membros da Obra como uma "iniciativa de sacristia", alegando, então, o princípio de que a melhor maneira de servir à Igreja era os membros da Obra não participarem da Rede Vida por terem mentalidade laical e serem "anticlericais", no melhor sentido da expressão.

Para atrair pessoas, para angariar prosélitos, para conquistar colaboradores entre os leigos e clérigos, diz-se que a obediência na Obra é uma "obediência inteligente". Mais tarde, no entanto, a qualquer iniciativa ou esboço de criatividade de um membro, o diretor recomendará que não tome essa iniciativa, lembrando-lhe que em *Caminho* está escrito: "Só tendo uma vontade forte saberás não tê-la para obedecer" (ponto 615); e: "Obedecei, como nas mãos do artista obedece um instrumento – que não pára a considerar por que faz isto ou aquilo –, certos de que nunca vos mandarão coisa que não seja boa e para toda a glória de Deus" (ponto 617).

Por outro lado, ainda no campo da obediência, quando um membro segue à risca o que lhe foi mandado e os resultados acabam por ser desastrados, a Obra jamais assumirá a responsabilidade, tirando da manga a carta de que, como sempre se disse, "a obediência é livre e inteligente" e, portanto, a culpa é toda daquele que obedeceu, mesmo sem querer obedecer...

Para retomarmos a análise de Popper, a lógica do Opus Dei apóia-se em um sistema de premissas contraditórias das quais qualquer conclusão – P ou não-P – pode ser extraída e justificada com textos e exemplos de vida do fundador... E, como em qualquer sistema imunizado[14], seus adeptos sempre encontrarão, em qualquer ocorrência, a confirmação de que são Josemaría Escrivá estava certo... Não por acaso muitos *slogans* internos do Opus Dei apresentam-se em fórmulas duais, nas quais o segundo elemento opõe-se ao primeiro, deixando no ar uma indeterminação que, afinal, remete aos humores de quem manda. Alguns desses *slogans*: "O Opus Dei é uma 'organização desorganizada'"; "A pobreza dos membros do Opus Dei é uma 'pobreza envergonhada'"; "A obediência dos membros do Opus Dei é uma 'obediência inteligente'"; "Os membros do Opus Dei possuem 'mentalidade laical e alma sacerdotal'"...

Na hora da consulta obrigatória, porém, quando os membros da Obra dependem de autorização oficial para fazer isto ou aquilo, dedicarem tempo a isto ou àquilo, gastarem dinheiro nisto ou naquilo, a "inteligência" fica com a instituição, e o membro deve obedecer cegamente. Na hora em que a instituição precisa justificar o luxo de suas casas de retiro, os carros dos diretores etc., deixa-se a pobreza para os "religiosos", e não se terá a menor vergonha de afirmar que é para não causar escândalo que as pessoas da obra usufruem de certas comodidades. Na hora em que tem de prestar contas à sociedade, o Opus Dei diz que é uma instituição "desorganizada", que as coisas se fazem "porque lhes dá na telha", que há muita espontaneidade etc., mas depois se nota que há regras para tudo: consultas, reuniões, controles, fichas, listas, cobranças sistemáticas, instruções, documentos etc.

No Opus Dei temos ainda outras ambigüidades: "trato de amizade e confidência", para exercer a manipulação moral e emocional; "proselitismo", para a captação de recursos humanos; "formação", para condicionar seus freqüentadores e membros a uma forma rigorista de pensar e agir; "apostolado", com o fim de acumular recursos econômicos para a instituição; "conversa fraterna", em que o membro da Obra tem o dever de externar tudo o que pensa e sente, e anotar com docilidade tudo o que lhe é dito, com o compromisso moral de adaptar-se a todas as indicações, teoricamente vistas como mandato direto de Deus; "de cem almas nos interessam as cem", e o que se faz é uma seleção elitista e calculada para que só se aproximem da Obra pessoas que possam contribuir economicamente ou com trabalho gratuito.

Toda essa maneira ambígua de falar e atuar do Opus Dei tem um efeito prático: a paralisia de qualquer iniciativa pessoal. Como naquela piada dos tempos do franquismo:

> Era uma vez o dono de alguns porcos que recebeu a indesejável visita de um fiscal de Franco. O fiscal lhe pergunta: "Como você alimenta os porcos?". O dono responde: "Ora, eu dou a eles o que sobra da comida: restos de batatas, cascas de laranjas...". O fiscal fica furioso: "O quê?! Como pode fazer tal coisa!? Alimentar com lixo os porcos que vão alimentar o heróico povo espanhol, vencedor do comunismo? Você está multado por ser um mau patriota!".
>
> No ano seguinte, o criador de porcos recebe de novo a visita do fiscal, que faz a mesma pergunta: "Como você alimenta os porcos?". Com medo de levar outra multa, o dono dos porcos responde: "Ah, eu os alimento com milho graúdo, cevada, pães fresquinhos...". E o fiscal sobe nas tamancas: "O quê?! Como pode fazer tal coisa!? O povo espanhol passando fome neste pós-guerra, e você alimentando os porcos com o que falta na mesa dos nossos compatriotas?". E tasca-lhe outra multa.
>
> No ano seguinte, mais uma vez aparece o fiscal, que volta com a mesma e fatídica pergunta. Dessa feita, o pobre dono olha para o chiqueiro, olha para a cara do fiscal e, sem saber o que dizer, responde: "Senhor fiscal, eu dou vinte pesetas para cada porco e cada um deles que almoce onde bem entender!".

O mesmo ocorre no Opus Dei. À mercê de uma "lógica" genérica e imunizada, em que os manipuladores ("porta-vozes diretos" de Deus) sempre têm razão mesmo quando não a têm, os numerários, adscritos e supernumerários começam a se pautar por um egoísmo medroso e emudecido (o "fiscal" chegará a qualquer momento...), e seu único critério de sobrevivência passa a ser este: "Só não quero levar broncas. Pego as migalhas que me restam e vou me virando por aí".

Examinemos ainda outro conceito muito interessante do fundador, em contraste com a realidade que logo depois se impõe, justificada pela ambigüidade lingüística. Escrivá ensinava que o quarto mandamento, o de amar os pais, era, para o Opus Dei, o "dulcíssimo preceito", enquanto o modo concreto de relacionamento com os pais dos numerários e adscritos (que entregaram todo o seu dinheiro à Obra, até o talão de cheques é guardado pelo secretário do centro) é de um descaso prático total, além da absoluta ausência em relação aos pais (mesmo as escassas visitas devem ser aprovadas pelos diretores, pois é preciso "desapegar-se da família de sangue").

Na prática, um numerário ou adscrito, em caso de necessidade dos pais, tem, em geral, enormes dificuldades e demoras para conseguir da Obra uns minguados reais para "ajuda familiar", mesmo em casos aflitivos e urgentes... Os trâmites burocráticos e a mesquinhez são desalentadores. E isso para realizar, digamos, a mesma quota de ajuda aos pais dada pelos irmãos que não são do Opus Dei. E como, para citar mais uma vez o "santo fundador", "no Opus Dei, não há lugar para tontos"[15], essa ajuda é proporcional ao salário atual que o numerário recebe em seu trabalho profissional.

A "humildade coletiva" (outra expressão ambígua do fundador) é, no nível do discurso, impecável: "Se João, Pedro e André lutam por ser individualmente humildes, por que, quando juntos, devem ser soberbos como serpentes?". Na prática, porém, qual é a imagem que o membro do Opus Dei tem da instituição? E como se vê a si mesmo como integrante da prelazia? O refrão constante nas pregações internas do Opus Dei é a de que a Obra é, direta e literalmente, promovida por Deus, que o céu (nada menos!) está todo ele empenhado para que ela se realize e que os que se entregam a ela são felicíssimos porque Deus os escolheu – um por um – para se sacrificarem a fim de que os planos de Deus se realizem.

O que essa repetição de *slogans* acaba criando na mentalidade dos membros da Obra (sobretudo dos numerários, a "elite" da Obra, que mora nos centros e ouve a cantilena todos os dias) é uma distinção mental entre a Igreja normal e aqueles que possuem a luz da vocação do Opus Dei. Certamente, não se chega a explicitar isso assim nesses termos, tão claramente, mas nem é necessário: a idéia vai sendo inculcada por mil meios diferentes (aqui se sente o poder da linguagem manipuladora...) e chega a se tornar conatural.

A Igreja "normal", os "outros", os que não são "de casa", todos os que não pertencem à Obra, são vistos como uma imensa multidão de gente que não entendeu o sentido profundo da Redenção. Pudera! Não receberam a luz de Escrivá, a luz que Deus manda por Escrivá e pelos diretores da Obra. Os outros, os católicos não pertencentes à Obra, na prática são considerados como que menores de idade na fé. E isso na melhor das hipóteses: alguns desses católicos (de um simples fiel leigo a um bispo... e talvez o próprio papa) podem ser uns trapalhões ou mesmo prejudicar a Igreja...

A liturgia e os sacramentos têm uma forma correta que é a da Obra (há regras até para como se devem acender as velas para a missa: primeiro as da direita, a começar pela mais próxima do altar etc.). De fato, nas poucas vezes em que um numerário não "assiste à santa missa" (um membro da Obra nunca dirá, por exemplo, "participar da missa") num centro da Obra (porque os sacerdotes de seu centro estão fora e, portanto, os leigos que moram no centro não têm outro remédio senão assistir à missa fora), ele, o numerário, pode comprovar quão "por fora" estão os católicos de paróquia: não sabem fazer a genuflexão direito, rezam o Pai-Nosso com os braços abertos (que ridículo!), e que ocasião de dispersão este "saudai-vos uns aos outros em Cristo", e é quase uma profanação esta idéia de receber a comunhão na mão, e depois da missa ninguém faz dez minutos de ação de graças etc. Porque acham ridículas e até um pouco hereges as práticas da Igreja desligadas da Obra, os numerários sentem uma imensa dificuldade para entoar os cânticos da paróquia junto com seus supostos irmãos na fé: nas missas dos centros é o gregoriano em latim que reina, e nem pensar em agitar os folhetos, aplaudir a Bíblia, erguer os braços como todos os outros etc.

No entanto, como "pega mal" dizer claramente que a Obra acha essas coisas ridículas/heréticas (não convém criar caso com o pároco...), o governo regional ordena – para não escandalizar os outros, "os menores de idade" – que se reze o Pai-Nosso de braços erguidos como os outros e autoriza, se não houver outro jeito, que se receba a comunhão na mão etc. De tempos em tempos, circula nos centros uma listinha de algumas igrejas nas quais não convém que os membros assistam à missa (em São Paulo, já integraram essa lista igrejas como a Imaculada da avenida Brigadeiro Luís Antônio, e a Nossa Senhora de Fátima na rua Dr. Arnaldo...). Confessar com um sacerdote "de fora"? Proibidíssimo! Embora se afirme, teoricamente, que os membros da Obra têm liberdade nesse terreno e que admiram e respeitam todos os sacerdotes, é repetido internamente que um sacerdote que não seja da Obra não é bom pastor "para nós" e confessar-se com um deles pode acarretar um perigo para a alma eleita do membro do Opus Dei.

Praticamente todos os livros dos autores católicos contemporâneos não têm o menor interesse para o numerário: bastam-lhe as obras do "santo fundador", de seus sucessores, dos autores do Opus Dei (se forem de Navarra, isto sim é que é universidade, o resto é "conversa fiada"...), bastam as edições dos livros "profundos" da Quadrante e alguns clássicos como santa Teresa de Jesus ou santo Alfonso Maria de Ligório... Se um membro da Obra resolve ler um livro qualquer, ou, sendo estudante ainda, precisa ler para a escola ou para a faculdade, deve pedir autorização interna: todos os livros têm uma qualificação numerada (como os filmes censurados no tempo do franquismo) de 1 a 6 (proibidos estão, por exemplo, praticamente todos os filósofos desde Descartes; grandes nomes da literatura como Saramago, James Joyce, Umberto Eco etc.):

1. obra sem inconveniente;
2. requer boa formação doutrinal do leitor;
3. apresenta inconvenientes que, além de boa formação doutrinal, requerem espírito crítico do leitor (lembramos o caso de um numerário formado em Direito, há cinco anos na Obra, que não podia ler "livros do nível 3", e o fato de que *O alienista*, de Machado de Assis, também é desse nível 3, classificação que o Opus Dei nunca explicou, mas certamente algo tem a ver com a denúncia que o livro faz a certos diagnósticos de loucura...);
4. apresenta inconvenientes que, além de boa formação doutrinal, requerem espírito crítico do leitor e um motivo proporcional para ler;
5. proibição interna;
6. proibição moral geral.

Inúmeros autores católicos caem nas categorias de alerta laranja a vermelho (4 a 6), mas a verdade é que mesmo esses autores não interessam ao membro da Obra, que não fará a menor questão de ler, por exemplo – não digamos as obras de um dom Paulo Evaristo Arns (considerado, pelo menos no passado, um autor perigoso por suas posições "esquerdistas") –, nem sequer um *Sempre Discípulos de Cristo*, livro que reúne os textos do retiro que o cardeal dom Cláudio Hummes pregou para o papa João Paulo II.

Para que se veja a que ponto chegam os escrúpulos e a tolice dessas proibições, apresentamos um depoimento (completo no *site* Opuslivre) de um dos autores deste livro, que recolhe uma troca de *mails* com uma supernumerária:

"Voltando ao modo como o Opus Dei lida com os intelectuais e com os professores, quero transcrever o caso Marli (o nome é fictício, a pessoa e os *mails* não), para que se veja como funciona a censura dos livros dentro da Obra, censura esta que é apenas um sintoma de toda uma mentalidade fechada à realidade e calcada na infantilização dos seus membros.

Sendo eu ainda numerário do Opus Dei, recebo um dia, na USP, um *e-mail* de uma pessoa que não conhecia:

Caso Marli: uma supernumerária (como vim a saber depois), professora universitária.

Assunto: *Ensaio sobre a cegueira*
'Prezado Professor, o senhor teria como me indicar uma leitura crítica do *Ensaio sobre a cegueira*, de José Saramago?
Grata pela atenção.
Marli'.

Respondi:
'Desculpe, qual Marli você é?
Jean'.

Marli respondeu:
'Outro dia, lendo um artigo seu (sobre *Imagine*), havia um comentário que me chamou a atenção: falava de Saramago como *especialista em cegueira*. Gostei. Não li o *Ensaio* porque acredito que sairia ferida com essa leitura. Gostaria, justamente, de ler uma crítica feita por um católico de cultura geral inquestionável (penso que de conduta também!) e por isso pensei no senhor. Indico o *site* http://www.tal&tal onde tenho uma pequena colaboração para lhe dar uma referência a meu respeito.

Grata pela atenção.
Marli'.

Respondi:
'Marli caríssima, muito obrigado pela generosa referência *um católico de cultura geral inquestionável (penso que de conduta também!)*. Porém, na verdade, sou um pobre homem que vai tentando situar-se, cheio de incertezas, no mundo da cultura e um católico que, na conduta pessoal, vai tentando atrapalhadamente cumprir os mandamentos e, com mistura de muitos erros, procurando servir à Igreja...
Devo confessar que seus *mails*, sua consulta, surpreenderam-me! Ou melhor, surpreendi-me ao ler seus créditos ao final de seu artigo (belíssimo, aliás) no *site* que me indicou (genial a jogada de associar o Dia Internacional da Mulher com o Dia das Mães...).
Confesso que eu, que lido muito com jovens católicos, de início pensei que a Marli fosse alguma jovenzinha escrupulosa, preocupada porque a professora mandou ler o ateu Saramago... Mas depois vi que se trata de uma professora universitária, com mestrado em Letras na USP, articulista do grande jornal..., uma autora de mão-cheia, uma católica de sólida formação... e, apesar de tudo isso, preocupada se vai sair ferida da leitura do *Ensaio* do Saramago?!!? Francamente, Marli...!
Francamente, Marli, acho que o momento de urgência da Igreja na batalha cultural está mais para *Duc in Altum* do que para medos ou esconder talentos... Se você continuar dominada por esses medos e escrúpulos, deixará de prestar o mais valioso serviço que a Igreja espera de mulheres inteligentes e preparadas como você...
Desculpe essas observações que lhe faço; tome-as como uma carinhosa palavra de um irmão que, na presença de Deus, procura alertá-la para o fato de que você não deve se deixar dominar por medos descabidos nessas alturas do campeonato de sua carreira e de sua formação... Claro que podemos sair feridos de leituras

como de tantas outras coisas neste mundo, mas, no caso, quem está habilitado a fazer a tal crítica do *Ensaio* do Saramago (*uma crítica feita por uma católica de cultura geral inquestionável e de conduta também!*) é você, que, além do mais, tem o preparo específico em literatura (coisa que eu não tenho...). Se você continuar se considerando *menor de idade* intelectual e espiritualmente, como poderá dialogar com seus alunos, como poderá orientá-los? Tremo só de imaginar a cena na sua aula: *Professora Marli, o que a senhora acha do Saramago?*, e você, com aquela sinceridade total de católica coerente terá que responder: *Não sei, não li porque tenho medo de sair ferida... estou esperando o sinal verde de alguma pessoa católica de cultura e conduta inquestionáveis...* E, claro, como não há suficientes católicos inquestionáveis para atender rapidamente à sua demanda de critério sobre as dezenas de livros que vão sendo publicados... você vai se encerrando na redoma do seguro: a redoma dos autores *católicos*, das editoras *seguras* etc. Depois nos queixamos de que a cultura não abre espaço para nós católicos... Corremos o risco de formar guetos e associações estufa; na contramão do papa. Acho que o melhor exemplo, nisso como em tudo, é o papa João Paulo II: Você consegue imaginá-lo vivendo ou pregando uma *retranca católica*? Não o vemos antes com uma abertura ilimitada – sem ceder um milímetro em sua fé católica – a todas as manifestações culturais?
Quando uma profissional católica de sua estatura fica paralisada por esse complexo de que é *menor de idade* e só se permite ler aquilo que tem certeza de que não a ferirá, corre o risco de um perigoso estreitamento: de limitar-se a uma redoma de autores *autorizados* (sabe-se lá por qual autoridade...) etc.
Entenda-me bem, não estou de modo algum dizendo que não devemos ter critérios nas leituras, mas assusta-me o fato de que uma professora universitária com o seu preparo tenha esse tipo de medos... Espero que compreenda as razões pelas quais não posso indicar-lhe outra leitura crítica do *Ensaio* de Saramago, senão a única confiável que conheço: a da minha amiga professora Marli.

Com um fraterno abraço, tenha-me a seu inteiro dispor,
Jean'".

A última resposta de Marli foi tão deprimente que, por caridade cristã, recuso-me a transcrevê-la aqui...

Uma amiga arquiteta, ex-numerária, nos contou que, em seus anos de FAU-USP, simplesmente renunciava a assistir a muitas aulas, porque eram ministradas por professores "perigosos" para a ortodoxia doutrinal. Renunciou também a inúmeras leituras recomendadas na faculdade porque no centro lhe informavam que esses livros eram de classificação 4, 5 ou 6 (proibidos). Renunciava, ainda, a copiar os modelos, valendo-se do artifício de copiar a cópia feita por alguma colega. Não podia freqüentar as festas e *happy hours* dos colegas etc. E o Opus Dei ainda insiste em dizer que seus membros são "pessoas correntes no meio do mundo".

Assim se compreende que, em seus quase cinqüenta anos de Brasil, nenhum numerário (referência aqui à seção masculina, mais conhecida pelos autores) estudou cursos de ciências humanas como: filosofia, sociologia, letras, política ou psicologia; em contrapartida, há dúzias que cursaram engenharia, ciências da computação e cursos que não requerem contato com bibliografia "perigosa", detendo-se em equações diferenciais... E isso apesar da insistência de Escrivá em que, na Obra, houvesse muitos intelectuais.

A realidade é que o membro da Obra acaba se imbuindo da mentalidade de que está na terra para desempenhar, mais do que ninguém, uma importante missão de Deus confiada à Obra – transformar o mundo, transformar a própria Igreja –, e que encontrará sempre uma enorme insensibilidade dos outros para compreenderem essa sua missão. Insensibilidade e incompreensão: os outros são menores de idade ou mesmo inimigos de Deus.

Independentemente do mau viés com que os sacerdotes são encarados no filme *Mala Educación*, de Almodóvar (filme a que nenhum membro da Obra poderá assistir, obviamente), há uma cena em que o padre-assessor do colégio católico no tempo do franquismo propõe matar o menino que foi violado pelo padre-diretor: "Ele pode causar um imenso mal para nossa congregação. E além do mais... não há testemunhas". O padre-diretor responde: "Há sim, Deus!". Ao que o padre-assessor, sem pestanejar, responde: "Não se preocupe! Este está do nosso lado".

Não que o Opus Dei chegue a esses extremos (como propõe Dan Brown em *O código Da Vinci*), mas, para dar um exemplo dessa teologia pragmatista, desse apostolado de resultados, nenhum numerário ignora que o maior e praticamente o único objetivo do Colégio Catamarã é preparar meninos e meninas desde o ensino fundamental para conseguir vocações de numerários, e para isso criaram, em pleno século XXI, uma escola na qual há separação de sexos: os meninos vão para a sede do Itaim, as meninas para a do Ibirapuera. E, como tudo isso é de Deus, como Deus está sempre do lado do Opus Dei, faça a instituição o que fizer, dirão que a separação de sexos é o mais avançado projeto pedagógico que existe no planeta, que em países do primeiro mundo já se descobriu que o desenvolvimento do cérebro é melhor se as meninas só tiverem colegas meninas e os meninos, colegas meninos etc. e que as escolas que não levam em conta esse fato científico não estão com nada...

A mentalidade de que a Obra é de Deus e de que tudo nela, portanto, é de Deus produz em seus membros uma mentalidade (ao menos interiormente) arrogante: nunca nenhum membro, e menos ainda um diretor da Obra, reconhecerá um único e leve erro que a instituição alguma vez possa ter cometido (podem até admitir genericamente que os seus membros de vez em quando erram, mas, como tudo é de Deus, e *omnia in bonum* ["tudo é para bem"] serve como solução genérica, até esses eventuais "erros" são queridos por Deus para tirar maior bem para a Obra...). Os diretores regionais e o próprio prelado são os primeiros a incentivar essas atitudes, jamais reconhecendo concretamente um erro, um projeto falho, uma intenção torta. Sua "humildade coletiva" não permite? Deveriam aprender com o papa recentemente falecido. João Paulo II teve a coragem de, em nome da Igreja, admitir erros concretos da instituição divina, gerida por homens, é claro, e por isso mesmo sujeita a ser instrumentalizada! A Obra recuperaria um pouco de credibilidade se tivesse a humildade de imitar a Igreja de que ela faz parte e que, no fundo, critica tanto.

A mentalidade de que tudo na Obra é de Deus e por Deus desejado produz em seus membros uma atitude fanática e impiedosa: qualquer sacrifício imposto aos outros (as necessidades de pais de numerários, cooperadores em dificuldades financeiras pressionados para continuar fazendo suas contribuições etc., numerários que passam por dificuldades emocionais e são tratados como se tudo isso fosse "frescura" etc.), toda essa carga pesada será recompensada por Deus, pelo menos na outra vida... e nesta vida os que exigem tanto dos outros mal ajudam a carregar o peso dos irmãos, com um dedo que seja... Enfim, o filme de um grupo seleto que, em contraste com a ralé, "verdadeiramente" cumpre a vontade de Deus, é um filme que já se viu: há correspondentes em outras religiões e até no evangelho. Estrelando mais uma vez... a seita dos fariseus! E talvez o juízo mais duro que Jesus tenha feito aos fariseus não esteja naqueles muitos "ai de vós", mas no fim do capítulo 9 de João, quando eles insistem em recusar a cura do cego de nascença no sábado, e Jesus fala de cegos que vêem e de videntes que são cegos: "E alguns fariseus que ouviram isso perguntaram: 'Então nós também somos cegos?'. E Jesus lhes respondeu: 'Se fôsseis cegos, não teríeis pecado, mas, como dizeis *Nós vemos*, vosso pecado permanece'" (v. 40-41).

III

REALIDADE E FICÇÃO

A polêmica em torno de *O código da Vinci*

Apesar de ter chamado a atenção da mídia internacional no momento em que Josemaría Escrivá foi canonizado por João Paulo II, em 2002, possivelmente o Opus Dei não esperava tornar-se tão cedo objeto de comentários e polêmicas no mundo todo, como aconteceu com o sucesso do livro *O código da Vinci*[1], a partir de 2004.

No Brasil, cumprindo o seu papel de porta-voz "não-oficial" do Opus Dei, veio à cena para massacrar o livro Carlos Alberto Di Franco, texto disponível na página da internet da Editora Quadrante[2]. Recolhemos alguns trechos, para dar uma idéia do tom em que foi escrito:

> *O código da Vinci* – muito dinheiro e pouca ética
>
> "Este livro é, sem dúvida, o mais tolo, inexato, mal-informado, estereotipado, desarrumado e popularesco exemplar de *pulp-fiction* que eu já li." O cortante comentário do crítico do *The Times*, Peter Millar, ao livro *O código da Vinci* não foi uma nota dissonante no conjunto das avaliações do *best-seller* do norte-americano Dan Brown. Outros

críticos espalhados pelo mundo corroboraram o *Times* e acrescentaram epítetos semelhantes: "Um livro oportunista e pueril" (*El Mundo*); "Um insulto à inteligência" (*The New York Times*). [...]

[...] o Vaticano resolve eliminar todos os líderes do priorado que conhecem a localização do Graal, e o encarregado desses assassinatos é um monstruoso gigante albino, "monge do Opus Dei". As fontes de pesquisa que o autor afirma ter consultado não lhe revelaram o fato sobejamente conhecido de que o Opus Dei não tem e nunca teve monges. [...]

Para milhares de jovens e adultos, esta novela será seu primeiro e talvez único contato com a história antiga da Igreja, uma história regada pelo sangue dos mártires, pelo exemplo dos santos, pela palavra dos evangelistas, apologetas, filósofos e Padres. [...]

Di Franco tem todo o direito de destruir a reputação e o trabalho de Dan Brown. Apresentando-o como um pilantra qualquer, qualifica o livro como resultado da ganância do escritor pelo dinheiro fácil... No entanto, não é tanto por ferir a verdade histórica ou teológica que *O código da Vinci* incomoda o Opus Dei. Incomoda-o sobretudo porque fere a imagem tão cuidadosamente construída da prelazia. O incômodo nasce da utilização banalizante e caricaturesca da figura do Opus Dei.

O doutor Ives Gandra da Silva Martins, no *Jornal do Brasil* de 16 de dezembro de 2004, publica também o seu ataque, sob o título "*O código da Vinci*: a farsa consagrada":

Raramente tive a oportunidade de ver a consagração de uma farsa como a que está ocorrendo com o livro *O código da Vinci*, constituído de um fantástico amontoado de inacreditáveis inverdades, de distorções fáticas inadmissíveis, de monumental ignorância histórica, de má-fé comprovada e espetaculares mentiras com ares de mistério, capaz de gerar o interesse das pessoas pouco avisadas.

Carlos Alberto Di Franco lembrou, em julho, no jornal *O Estado de São Paulo*, algumas críticas de respeitáveis jornais estrangeiros: *El*

> *Mundo* chama-o de "um livro oportunista e pueril"; *The New York Times*, de "um insulto à inteligência" [...]. Qualquer estudante de Direito Canônico sabe que o Opus Dei é uma prelazia pessoal, que objetiva dignificar a condição humana e que não tem monges, por não ser uma instituição religiosa, mas secular.

Voltemos à pergunta: O que nesse livro, tão "herético" e "oportunista", irrita e incomoda os dois representantes máximos do Opus Dei na mídia brasileira? Sem dúvida alguma, embora seja mencionado só de passagem, é para eles irritante, e para qualquer membro do Opus Dei, o fato de a prelazia ser apresentada de maneira "distorcida". Não importa que seja óbvio, para qualquer leitor, tratar-se de uma obra ficcional. A imagem idolatrada da "Nuestra Madre Guapa" – assim chamava Josemaría a sua Obra – não pode ser de modo algum ofendida. Seria como ofender a própria mãe.

Os dois autores iniciam seus artigos com citações jornalísticas contra o livro. Fraca argumentação. O próprio Dan Brown, em seu *site*, oferece uma lista de citações favoráveis nos mesmos respeitáveis *The New York Times* e *New York Daily News* em que foram pinçadas as críticas; e no *People Magazine*, no *Library Journal*, no *Washington Post*, no *San Francisco Chronicle*, no *Chicago Tribune*, no *Houston Chronicle*, no *Boston Globe*, no *New Haven Register*, no *Wired Magazine*, no *The Ottawa Citizen*, no *The Seattle Times*, no *The Atlanta Journal*, no *Boston Herald*...

A irritação leva à falta de elegância, e tanto o numerário como o supernumerário acabam detratando os milhares de leitores, chamando-os, no fundo, de pessoas sem critério e inteligência, incapazes de fazer uma distinção simples entre história e invenção, entre ficção e realidade.

Qualquer estudante de Direito Canônico, afirma doutor Ives, "sabe que o Opus Dei é uma prelazia pessoal, que objetiva dignificar a condição humana e que não tem monges, por não ser uma instituição religiosa, mas secular". E aqui está o ponto. Agora, mesmo os que não estudam e jamais estudarão o Direito Canônico, tiveram acesso a uma imagem desairosa do Opus Dei. E, ainda que isso em nada altere as suas vidas de cidadãos comuns (e, na visão dos articulistas, de incautos compradores de *best-sellers*), estraga, sim, a propaganda que o Opus Dei faz de si mesmo há tantas décadas. É imperdoável que um "escritorzinho de quinta categoria" venha tentar desmanchar um trabalho de *marketing* tão articulado!

O sistema imunológico da Igreja Católica

Este tópico segue o criterioso estudo de Ottokar no *site* opuslibros[3].

A única realidade que de fato assusta o Opus Dei não é a ficção de um escritor. No fundo, trata-se de uma oportunidade para fortalecer a idéia de que a liberdade de expressão traz mais confusão do que benefícios e de que é preciso calar a imaginação, a "louca da casa", como repetia Josemaría Escrivá, seguindo uma tradição ascética com sérias dificuldades com o que há de lúdico na vida...

Mas, dizíamos, a única realidade que de fato amedronta o Opus Dei é a própria Igreja Católica em que ela se aninhou. Por se tratar de um fenômeno religioso que usa a Igreja como escudo e como álibi perfeitos (afinal, a Igreja, sim, é indestrutível, como o demonstra sua resistência sobrenatural ao longo de vinte séculos), a Obra somente pode ser tocada em sua essência pela autoridade do papa, na qual ela se escora.

A Igreja Católica possui um sistema imunológico invejável (a par de uma incrível resistência aos ataques externos, dos quais o livro *O código da Vinci*, numa escala crescente de 0 a 10, chegaria no máximo ao nível 1). Experimentada por dois milênios de sofrimento, a Igreja consegue igualmente suportar dentro do seu organismo uma série de "doenças" (o próprio pecado, as heresias, mil tensões ideológicas, a sede de poder dos seus membros mais seletos, situações contra as quais utiliza as armas da paciência ou, em casos extremos, a excomunhão), e é isso que realmente a Obra teme...

O Opus Dei nasceu dentro do organismo da Igreja e dela se alimenta. Suas iscas mais poderosas para obter a simpatia dos bons católicos são os sacramentos, que faz questão de enaltecer mais do que ninguém. Contudo, pouco a pouco vai tomando corpo (e este nosso livro é apenas uma contribuição) a consciência dentro da própria Igreja de que, na prática, há evidentes casos de violação dos direitos das pessoas em nome, única e exclusivamente, da manutenção, sobrevivência e expansão da instituição Opus Dei.

Se, por um lado, a Obra tem se beneficiado da "maternidade" da Igreja, cuja habilidade religiosa (a Igreja é perita em humanidade, dizia Paulo VI) acolhe visões contrastantes da fé católica e diferentes estilos espirituais, incorporando movimentos que apóiam o papa e outros que adotam uma postura crítica, organizações que acreditam nas aparições da Virgem Maria e outras com perfil mais voltado para a atuação no campo social, instituições mais conservadoras e outras mais progressistas, todos sabem que a tolerância da Igreja também tem limite.

Só muito recentemente um número significativo de ex-membros da Obra começou a reunir forças e, vencendo resquícios de culpa e confusão mental, tem manifestado seu repúdio à violência de que foi vítima. À medida que esses ex-membros, na maioria ex-numerários, trazem seus testemunhos com mais e mais firmeza e clareza, olham ansiosamente para a hierarquia da Igreja e se perguntam: "Por que não se faz nada? Por que os testemunhos que começam a difundir-se parecem ser ignorados? Por que o mecanismo de defesa da Igreja não começa a atuar?".

Sem dúvida, o Opus Dei alcançou dentro da Igreja (nas palavras "humildes" do fundador, "somos una partecica de la Iglesia") uma situação jurídica que lhe permite refugiar-se sob a capa da Santa Mãe ante o menor ataque, externo ou mesmo interno: "Atacar a Obra é atacar a Igreja", argumentam. E, assim, muitos dos próprios ex-membros que um dia sofreram na pele o látego do Opus Dei pensam duas vezes antes de criticá-lo abertamente, pois atacar o coração, o fígado ou o dedão do pé de um organismo é atacar o próprio organismo.

Essas críticas, porém, podem ser interpretadas como um diagnóstico, ou até como um tratamento quimioterápico que ataca um tumor maligno presente no organismo. Nesse caso, não estamos agredindo o organismo diretamente, mas tentando curá-lo, apesar dos efeitos colaterais que esse processo de cura possa produzir. Estamos, na verdade, defendendo a Igreja de uma patologia espiritual e procurando, além de proteger fiéis católicos contra o Opus Dei, ajudar os que dentro da prelazia continuam, nem sempre conscientes da armadilha em que caíram.

Qualquer um que dê ouvidos à propaganda oficial do Opus Dei ouvirá que a prelazia tem uma única ambição: servir a Igreja como a Igreja quer ser servida. E, como provas dessa realidade, a prelazia mostrar-nos-á a quantidade de sacerdotes que ordena, as inúmeras confissões que promove, os milhares de missas que celebra ao longo da semana, as conversões que suscita nos quatro cantos do mundo. Tudo isso é contabilizável, tudo isso é verdade. E tudo isso funciona como uma cortina de fumaça.

Por trás da fumaça... há fogo. O fogo destruidor das consciências, da vida psíquica de muitos numerários e adscritos. O fogo destruidor da liberdade de muitas pessoas que, por pura bondade, pensam assim morrer mártires... em nome de Deus. Possivelmente, acreditando-se naquele sistema imunológico da Igreja, em algum momento futuro o Opus Dei sofrerá uma intervenção "federal" (do Espírito Santo), ou será extinto pelo papa, ao contrário do que desejou o seu fundador. E poderá ser extinto porque a "Obra de Deus" faz um mal indubitável à Igreja.

O mal que a Obra tem realizado está cada vez mais visível e documentado na forma de testemunhos concretos, feitos por pessoas reais, em circunstâncias que não se limitam àquele país ou àquele centro. Trata-se de um mal indubitável contra pessoas, contra cristãos, contra seres humanos que pensavam ter encontrado na Obra uma forma de servir a Deus, mas o que encontraram foi uma perda progressiva de identidade e, por conseguinte, uma perda progressiva da alegria, a ponto de até perderem o amor à vida.

Esses testemunhos estão consignados em alguns livros. Um dos mais famosos foi escrito pela ex-numerária María del Carmen Tapia, o já citado, *Tras el Umbral; una vida en el Opus Dei*[4]... Tapia pertenceu ao Opus Dei entre 1948 e 1966, exercendo cargos de confiança dentro da Obra. Outro livro que vale a pena citar é da autoria do ex-numerário Alberto Moncada, *Historia oral del Opus Dei*[5], em que se recolhem testemunhos valiosos.

É preciso mencionar também María Angustias Moreno, uma ex-numerária espanhola que escreveu *El Opus Dei; anexo a una historia*[6]. O seu relato provocou uma carta de apoio público, assinada por vinte pessoas. Essas vinte pessoas foram visitadas por dois sacerdotes do Opus Dei, com o intuito de contar-lhes que a ex-numerária era lésbica e tentara assediar outros membros da seção feminina, motivo pelo qual teria sido desligada da instituição. María Angustias processou os dois sacerdotes – que foram obrigados a desculpar-se –, sem exigir, no entanto, indenização monetária.

Hoje, em especial graças aos relatos em espanhol do *site* Opuslibros (e no Brasil, Opuslivre), muitíssimas pessoas estão tomando consciência de que vidas humanas foram prejudicadas pela ação devoradora da Obra, cujos diretores não têm o menor escrúpulo de pôr em prática regras e regrinhas que ultrapassam, em muito, os limites do bom senso e invadem, sem dó nem piedade, a intimidade, a liberdade, a individualidade, a personalidade, particularmente de numerários que se deixam "moldar" por mãos violentas, achando que, com isso, estão sendo fiéis a Deus.

Haverá, como de fato há, numerários que *se las arreglan*, isto é, "dão um jeito", sem sair da Obra, de manter-se a salvo das barbaridades que se cometem lá. Uma dessas pessoas, no Brasil, é dom Rafael Llano Cifuentes, bispo auxiliar no Rio de Janeiro entre 1990 e 2004, hoje bispo de Nova Friburgo, RJ. Homem apostólico, excelente orador, conseguiu escapar da esfera torturante da Obra. Como bispo, vive sua vocação em paz, sem ter que agüentar as sandices internas de diretores neuróticos e histéricos.

Outro numerário que vive em paz é o já mencionado professor Carlos Alberto Di Franco, responsável brasileiro pela imagem do Opus Dei na mídia. Em virtude dessa função, que exerce com maestria, e da sua ligação com a Universidade de Navarra, vive em paz a sua vida, faz as suas viagens, tem a sua atividade profissional livre, enfim, vive como todo numerário pensou que poderia viver. Mas ele é especial. Duvidamos que os dirigentes máximos da Obra queiram que um dia ele tenha motivos para abandonar a prelazia e "pôr a boca no trombone" do *Estadão*, da *Folha* etc.

Vários outros numerários brasileiros, contudo, se deixam escravizar e não causam maiores problemas. São pessoas que agradecem a Deus o fato de poderem ficar na portaria de um centro atendendo ao telefone, de cumprirem mil e um encargos materiais, de se enterrarem vivas para que as atividades da Obra se realizem, tais como as assinaturas do Círculo de Leitura da Editora Quadrante, os pedidos de dinheiro para a manutenção do Colégio da Pedreira, dos centros etc. Pedem colaboração financeira, dão todo o seu dinheiro à Obra, trabalham para ela em troca de comida, cama e roupa lavada. São... felizes na sua mediocridade consentida. E são inocentes úteis que levam para a instituição amigos que se tornarão dóceis escravos.

Continuemos a pensar no contexto brasileiro, que em nada difere substancialmente do contexto mundial. Existem também, como sempre existiram, numerários "problemáticos", que "cobram" coerência entre a doutrina pregada e a prática real. Entraram para a Obra achando que teriam condições de viver com alegria e liberdade sua vocação sobrenatural de cristãos e sua vocação humana de trabalhadores. Querem ter iniciativas apostólicas diferentes, originais, precisam dedicar horas ao trabalho, ao estudo, precisam fazer viagens, ler, escrever e publicar artigos e livros, precisam participar de congressos, entrar e sair, tudo isso sem descuidar dos compromissos espirituais, ascéticos e apostólicos assumidos com a Obra, ou melhor, com Deus através da Obra. No entanto, a prelazia encara esses elementos como rebeldes, como indesejáveis. E aí vem a crise. A Obra "joga o Opus Dei" sobre esses rebeldes. Cobra-lhes submissão. Tira-lhes a oportunidade de dar palestras internas. Multiplica as correções fraternas a troco de tudo e de nada. Obriga-os a realizar mais e mais encargos materiais. Proíbe que leiam, que saiam, que publiquem, que tenham iniciativas, que façam a menor crítica, que pensem, que falem. Se um numerário rebelde quebrar... quebrou. E muitos quebram. A consciência entra em conflito. Surge o sofrimento psíquico, que pode degenerar em tristeza crônica, em depressões ou, como já aconteceu, em alucinações e tentativas de suicídio.

Mais cedo ou mais tarde, ou a pessoa sai da Obra, ou entrega os pontos. Neste último caso, poderá permanecer lá dentro como um zumbi, como é o caso de algumas pessoas cujos nomes não pretendemos citar, pois são vítimas e devem ser protegidas de algum modo.

Esse mal a Obra de Deus (até quando acreditaremos que é de Deus?) faz à Igreja. Destrói a vida de cristãos talentosos e generosos, ou pelo menos tenta fazê-lo, em nome de Deus ou, melhor dizendo, em nome da sobrevivência da Obra.

Como dizíamos, esse mal está sendo denunciado agora. Nós – os que sobrevivemos apesar dos pesadelos que ainda temos, das dificuldades que ainda experimentamos para viver de modo normal neste "mundão de Deus" –, nós temos conseguido relatar e analisar os graves problemas de uma instituição da Igreja, com a qual a Igreja ainda quer contar, mas da qual poderá se livrar no momento em que perceber que os males causados por ela, pela Obra, não são compensados pelas ordenações, confissões, conversões, missas etc. Afinal de contas, outras instituições da Igreja promovem ordenações, confissões etc. sem precisar, como ocorre dentro do Opus Dei, esmagar seus membros e deixá-los pelo caminho quando já não são úteis para os seus planos.

O Opus Dei sabe que a Igreja poderá, um dia, intervir diplomática mas soberanamente, como já o fez no caso de outras instituições. Por enquanto, a impressão que temos é a de que o Opus Dei, hoje e mais do que nunca, dispõe de forças para bloquear o sistema imunológico da Igreja. (Haja vista a proibição que o jesuíta suíço Albert Longchamp recebeu em 1981: a Igreja o proibiu de falar contra a Obra durante 22 anos![7])

Esperamos (e por isso rezamos, por que não?) que a Igreja possa reativar o seu sistema de defesa e consiga corrigir as práticas do Opus Dei contrárias à dignidade e à liberdade das pessoas. A propósito, esta seria a única chance de permanência da Obra dentro da Igreja: ou a Obra se deixa, humildemente, como o barro nas mãos do oleiro, ser avaliada e corrigida pela Igreja, ou talvez a única saída seja extinguir a prelazia.

Contraste: contato superficial e conhecimento dos bastidores

À medida que ouvimos relatos e testemunhos concretos, no Brasil e no mundo, de pessoas que se entregaram ao Opus Dei e foram gravemente atingidas pela intolerância, pela insensibilidade e pela ânsia de controlar da instituição, aumenta a perplexidade perante a força com que a prelazia consegue manter-se incólume e impune e continuar sendo admirada por muitos dos seus freqüentadores. (No caso dos seus membros, muitos deles estão insatisfeitos, mas acreditam que há chances de a situação melhorar.)

É um fato que não poucas pessoas em contato com o Opus Dei afirmam sinceramente terem evoluído humana e espiritualmente graças à instituição. Em seus depoimentos, mencionam seu crescimento nas virtudes, na fé, na visão sobrenatural, na paz interior... Ora, como poderá tudo isso compatibilizar-se com os testemunhos de ex-membros do Opus Dei que afirmam terem sofrido com a intolerância, a arrogância, a prepotência e a insensibilidade da mesma instituição?

O paradoxo é impressionante. Uma instituição que promove o bem, promove o mal também... Será que a realidade consegue superar a mais imaginativa das ficções, produzindo uma contradição viva?

Num primeiro momento, vários freqüentadores do Opus Dei se espantam ao ler relatos e testemunhos negativos. Até ali imaginavam que isso seria impossível. Como a Obra não permite a crítica nem a autocrítica dentro da instituição, parece, de fato, que não há nada de errado... Ou que os erros existentes são facilmente corrigíveis e, no final das contas, não-transcendentes. Serão os ex-membros que acusam a prelazia apenas pessoas ressentidas, rancorosas, mentirosas...?

Muitos membros atuais da prelazia também poderiam contar os seus sofrimentos, causados por atitudes institucionais condenáveis. Mas talvez ainda achem que o problema é deles e não do Opus Dei – eles é que estão errados..., eles é que não vivem bem a vocação..., eles é que não obedecem direito..., eles é que têm espírito crítico (a expressão *espírito crítico* no Opus é abominada)..., eles é que são soberbos. Ao passo que a instituição é divina, a instituição é perfeita, a instituição (e seus diretores) é boa e só promove o bem...

No entanto, a instituição não só não é perfeita como também demonstra, com seus atos e decisões, um rosto cruel sob a máscara de "obra de Deus". A instituição prejudica, invade e massacra. O bem que ela promove entre os freqüentadores, e até mesmo entre os seus membros, oculta o mal que ela causa em seus membros e nos freqüentadores que dela mais se aproximam.

E por isso a instituição é perigosa, por mais doloroso que seja para nós, católicos praticantes que amamos a Igreja, admitir que uma organização aprovada pela Igreja possa se tornar perigosa e cruel. É perigosa porque faz o bem para ocultar o mal. E por isso é necessário que a Igreja intervenha, faça uma apuração, até que fique bem claro o que está muito obscuro, até que se comprove em que medida correspondem ou não à prática da instituição os numerosos testemunhos que se divulgam em Opuslibros e os que temos recolhido no Brasil, alguns dos quais transcrevemos neste livro.

É preciso que fique bem claro todo o mal que a Obra fez e tem feito a pessoas concretas. Até lá, querer falar bem da prelazia (mesmo que ela promova coisas boas) será relativizar o mal, diluir a imagem negativa da Obra... Seria o mesmo se, *mutatis mutandis*, disséssemos que a guerra é ruim... mas, afinal de contas, não é tão ruim assim porque movimenta a indústria bélica e isso gera muitos empregos...

Não podemos fingir. A Obra produz o mal! A Obra causa danos psíquicos em seus membros, promove o fanatismo, separa os filhos de suas famílias, desrespeita a intimidade das pessoas, escraviza as consciências, induz à intolerância, infantiliza seus membros, instrumentaliza-os para obter dinheiro (venda obrigatória de livros da Editora Quadrante, pedido insistente de doações sem destinos claros...), engana e mente. Alegar que a Obra faz o bem, apesar dos pesares, é contribuir para a sua impunidade.

Temos de ir ao fundo no significado e no alcance dos males que o Opus Dei provoca, até como uma forma de alertar a Igreja e pedir que ela nos ajude a separar o joio do trigo. Se a Obra promove os sacramentos, difunde a doutrina católica, se ajuda os jovens a encontrarem um sentido para a sua vida, essas verdades não podem mais camuflar os males que ela também produz.

Sem dúvida, seria menos desagradável ocultar o negativo, atribuí-lo à ação esporádica de um ou outro diretor do Opus Dei. Mas isso é enganar-se e permitir que muitas outras pessoas de bom coração entrem em contato com a prelazia e sejam instrumentalizadas por ela. O Opus Dei como instituição tem uma personalidade compulsiva e obsessiva. Continuará produzindo danos enquanto a Igreja não disser "chega!". Enquanto não vier esse "chega!", as pessoas prejudicadas pela instituição devem ter a coragem de enfatizar os males que a Obra provocou e provoca. Seria perigosíssimo não fazê-lo. Esquecer o mal em nome do bem que a Obra faz é ser conivente com o sofrimento psíquico de muitos, com a dominação que ela exerce sobre a consciência de milhares de pessoas. Sejamos claros: a Obra estupra. Estupra a intimidade das pessoas, estupra a confiança que muitos de nós depositamos nela um dia e que muitos nela depositam hoje. Ela parece inofensiva, mas não é. Parece só fazer o bem, e aqui reside o maior dos perigos.

Não podemos ser "imparciais", enfatizando que a Obra faz o bem às pessoas, embora reconhecendo, infelizmente, que também faz o mal (mal que ela jamais reconhece ter feito). Não se trata, aqui, de buscar a verdade "filosófica". Trata-se de uma questão moral. Precisamos enfatizar o mal que a Obra faz, a fim de proteger as pessoas que são aliciadas pelo bem que ela sabe fazer. Deixemos a imparcialidade para o futuro. Agora, os que somos testemunhas do mal que a Obra faz temos de mostrar que esse mal é injustificável. Por isso é necessário, moralmente necessário, apresentar esse mal "isolado" do bem que a Obra também promove.

O problema é que, como se diz em linguagem popular, "contando, ninguém acredita". Mesmo as considerações ponderadas que, fruto de experiência pessoal, ex-numerários da Obra fazem com toda a honestidade, baseando-se em fatos e testemunhos, baseando-se até mesmo em documentos... tudo isso pode parecer ficcional... Pessoas que não tiveram acesso a essa experiência, mesmo sendo supernumerários e, portanto, membros da Obra, sem falar nos cooperadores e freqüentadores dos centros do Opus Dei, põem em dúvida as denúncias feitas sobre a conduta anticristã da instituição.

No entanto, existem numerários dentro da Obra que ainda têm viva dentro de si a chama da dignidade, do amor à liberdade, e, ao lerem este livro, certamente poderão julgar com conhecimento de causa o que nele escrevemos. Tais pessoas, permanecendo dentro da Obra como numerários, são a grande chance de a Igreja operar alguma mudança no Opus Dei. São essas pessoas as únicas que, de certo modo orientadas pela experiência lancinante de ex-membros, poderão pressionar (sabendo que serão pressionadas também e, de alguma forma, perseguidas) os dirigentes da prelazia a reverem sua posição. Verdade seja dita que muitos já tentaram fazê-lo e foram convidados a deixar a Obra, ou ficaram lá dentro "congelados", à margem da instituição.

Para uma boa parcela de numerários, porém, o conteúdo deste nosso livro é tido como calúnia ou, na melhor das hipóteses, como um ponto de vista desprovido de sentido sobrenatural, ou talvez marcado pelo ressentimento e pelo lamentável desejo de vingança. Ou, quem sabe, como uma espécie de obra literária imaginativa, com invencionices para distrair leitores que acreditam em teorias de conspiração...

É que, de fato, a experiência pessoal nunca pode ser integralmente apreendida pelo outro. Aquela frase de Machado de Assis, de que é muito fácil a alguém suportar a cólica... da outra pessoa... traduz de maneira irônica, e um tanto cética, esta verdade: a experiência da dor é intransferível. No entanto, acreditamos que nem todo o mundo precisaria pagar o alto preço que nós pagamos, vivendo até o fim incríveis experiências dentro do Opus Dei, para perceber, afinal, que algo (pelo menos algo...) de verdadeiro existe nos depoimentos que colhemos e nas análises que estamos realizando.

O Opus Dei é uma organização complexa, possui muitas facetas e nuances, mescla o humano e o divino, a tolerância e a intolerância, o sagrado e o profano, a mentira e a verdade e, principalmente, mescla os seus fins e os seus meios de uma forma paradoxal. Por vezes, a impressão é a de que estamos em contato direto com a realização, na prática, daquelas distopias famosas, como o *1984*, de George Orwell.

A Obra aparenta ser algo que realmente é... mas não é só aquilo que aparenta ser. Mostra externamente, com elegância, com um indefectível sorriso e com a seriedade das instituições perenes, finalidades que são simplesmente meios. Cria em torno de si uma maravilhosa e densa atmosfera que mascara a sua essência e os seus fins verdadeiros. Em linguagem científica, é um sistema com algumas variáveis de estado não-observáveis. Para se alcançar o conhecimento dessas variáveis é preciso estar dentro do sistema, e quem está no núcleo do sistema são somente os seus membros chamados numerários, embora haja aqui outra nuance: nem todos os numerários estão no núcleo do núcleo. Há parcelas periféricas do próprio núcleo, de modo que há também numerários mais numerários do que outros...

Pois bem, os numerários, por outra parte, não só se encontram "dentro", mas participam intimamente do próprio sistema. Numerários extremamente educados, por exemplo, ou extremamente cultos, podem aumentar a complexidade do sistema e confundir nossa observação. Como dizer, por exemplo, que a Obra é contrária à leitura livre, é obscurantista, vê com maus olhos o exercício das ciências humanas, se existe um numerário tão culto como este ou como aquele? Como posso dizer que a Obra tem uma atitude intolerante, atua com frieza perante os problemas alheios, se determinado sacerdote é um poço de compreensão? A Obra consegue "plantar" exceções que, negando a sua regra, tornam as regras ainda mais resistentes!

O que se vê da Obra é aparentemente bom, atraente, louvável e desejável, e ela até permite que vejamos algumas "coisas ruins", alegando que, de vez em quando, até os diretores podem errar... As pessoas que são da Obra, ou as que freqüentam os centros da instituição, são aparentemente alegres, simpáticas, compreensivas, amigas, atenciosas, cultivam a vida espiritual, têm visão sobrenatural, são bons cristãos, bons cidadãos etc. Além disso, os supernumerários, membros casados, são em geral pessoas respeitáveis, gozam de credibilidade e competência pública. São o melhor cartão de visitas da Obra. É observando a vida honesta dos supernumerários, bem como de sacerdotes, numerários e adscritos abnegados, que muitas pessoas acabam considerando o Opus Dei uma benéfica iniciativa da Igreja Católica. Como "pelos frutos se conhece a árvore", pode-se concluir de modo lógico que a Obra, sem dúvida, é uma boa instituição...

Seus aparentes frutos externos aparecem como bons. Contudo, esses bons frutos, visíveis, não são frutos, não são a sua finalidade, são apenas os seus meios para alcançar os seus fins! Pelos efeitos, sim, podemos conhecer a causa... mas somente se, de fato, o que observamos são os efeitos.

A credibilidade dos supernumerários, o espírito de sacrifício dos numerários e adscritos, a piedade dos sacerdotes vinculados ao Opus Dei, o bom e alegre caráter dos que freqüentam os centros, tudo isso forma o ambiente positivo, luminoso, usado cuidadosa e inescrupulosamente pela Obra para manter o seu crescimento. Nesse ambiente fértil, o anzol do pescador é lançado.

Façamos um paralelo desproporcionado, mas didático. Podemos dizer que o predador atua com a colaboração da incauta presa que ele, experiente predador, poupou com o objetivo de atingir outras... mais apetitosas. As presas que serão mantidas vivas constroem o ambiente favorável para que outras sejam atraídas. As armadilhas utilizadas na caçada são camufladas pela alegria dos que nela já caíram, mas não foram consumidos. Obviamente, o predador abate um número insignificante de vítimas para que o sistema se mantenha. Os supernumerários, por exemplo, recebem exigências menos violentas do que os numerários e servem, assim, como credencial da Obra, dão apoio material e, de bandeja, preparam e dispõem seus filhos (em geral são instruídos para ter uma prole numerosa) a, sem muitos problemas, que se tornem futuros e dóceis numerários, ou novos supernumerários que darão mais credibilidade ao sistema Opus Dei.

Quem observa a Obra de fora julga que os seus meios (pessoas felizes, honradas, famílias numerosas, pessoas que freqüentam os sacramentos piedosamente...) são os seus fins, mas quem a conheceu por dentro e sentiu seu peso (e pôde sair a tempo) julga e condena os seus fins (a obsessão pelo poder, pelo seu próprio crescimento, pelo aumento de sua influência na Igreja etc.) e, portanto, julga e condena os seus meios, na medida em que são apresentados para iludir e manipular.

Talvez esses dois grupos – os que gravitam em torno da Obra, recebendo seus benefícios, e os que nela ingressaram de modo radical e dela saíram feridos – jamais se entendam. Quando falam da Obra, uns bem, outros mal, cada um fala de facetas diferentes. No entanto, é preciso frisar que os que saem também foram um dia pessoas que elogiaram o Opus Dei e também por ele, de algum modo, se sentiram beneficiados, apoiados, compreendidos.

As pessoas que desfrutam do aparente bom ambiente em torno da Obra também servem de escudo humano para ela. E, muitas vezes, para denunciarmos e criticarmos o seu cerne, acabamos por ferir, magoar, desconcertar e desiludir pessoas boas que se beneficiam dos seus meios. Esse fato também inibe algumas críticas ao seu *modus operandi* e faz com que muitos se calem. O receio é que as críticas ao Opus Dei respinguem lama na Igreja Católica. Ao mesmo tempo, sabemos que pode acontecer também que as pessoas que a Obra utiliza como escudos humanos se tornem "armas" por conta própria contra quem vier criticar a prelazia. Essas pessoas, querendo defender a Igreja/Opus Dei, voltam-se contra os que criticam a Obra, ou quem, em matéria de comportamento religioso, não reza pela sua cartilha, tornando-se assim, sem o saberem, paladinos do sectarismo. E, por mais paradoxal que isso seja, ao defenderem a Obra de maneira tão ardorosa, ao lhe oferecerem apoio incondicional, acabam, de modo indireto, prejudicando a Igreja que dizem amar, e que de fato amam. Um exemplo típico é o comportamento de muitos supernumerários que, por influência da Obra, não querem que os seus filhos freqüentem escolas católicas dirigidas por religiosos, pois, aos olhos do Opus Dei, essas escolas em geral não obedecem ao papa ou propagam heresias.

Diante desse quadro que nunca parece suficientemente bem descrito, pois, como dissemos, são muitas as nuances, cabe-nos perguntar qual é, em suma, a finalidade da Obra. E a resposta é que a principal, ou mesmo sua única finalidade, é crescer, expandir-se, fortalecer-se.

Uma associação cristã, uma ordem religiosa, uma organização católica saudáveis, têm por finalidade, em primeiro lugar, a glória de Deus, a evangelização, a caridade e, em segundo lugar, a legítima aspiração ao crescimento e à permanência. O Opus Dei inverte as coisas, vive obcecado por sua expansão e por seu fortalecimento, e por isso o apostolado tem como finalidade o proselitismo, com o fito de obter "vocações" para a prelazia. Em termos ainda mais concretos, quando um numerário faz uma "visita aos pobres" (atividade comum nos centros e incluída como obrigação mensal) com um rapaz que pode vir a se tornar numerário, o menos importante é o pobre visitado – esse é um simples meio, uma oportunidade para comover o talvez futuro numerário. O objetivo da visita é observar as reações do acompanhante, ver se ele será suficientemente generoso com a Obra, apresentada sempre como uma "família numerosa e pobre"...

O apostolado do Opus Dei, não obstante a ânsia pela quantidade, baseia-se na idéia de "seleção", e os numerários, que têm por missão serem os membros mais ativos no que tange a conseguir adesões "seletas" para a Obra, seguem à risca essa determinação. Um rapaz paraplégico, ou que tenha alguma outra limitação física séria, não poderá ingressar na Obra como numerário, jamais será objeto prioritário da Obra e menos ainda freqüentará por muito tempo um centro de numerários. A prelazia não "perde tempo" com ele. Se porventura a Obra admitir que um paraplégico freqüente um centro com regularidade, será para "plantar" uma exceção (quem disse que há discriminação na prelazia?), ou porque ele é útil de algum outro modo, caso seus pais sejam ricos, por exemplo...

Outra prática abominável do Opus Dei é não se importarem nem um pouco com o número crescente de ex-membros. Essas perdas não suscitam a autocrítica. A Obra não pretende alterar em um milímetro os seus métodos perversos de recrutamento, nem o modo opressivo e indigno como trata os seus membros que, de maneira dolorosa, começam a encarar as contradições patentes da instituição e, sentindo-se impotentes para modificar esse quadro, terminam por sair, ainda por cima com a viva impressão de que são os culpados por tudo.

Mas pensemos um pouco mais no numerário, membro celibatário que é a "menina dos olhos" da Obra, em sua necessidade de manutenção e expansão. O numerário, na realidade, não escolhe ser da Obra. Ele é escolhido por ela (ou melhor, por Deus, mas só a Obra pode saber o que Deus quer...). A Obra utiliza os nomes *vocação* e *chamado de Deus* para selar o destino do numerário. Na ideosfera da instituição, "Obra", "Igreja" e "vontade de Deus" são sinônimos perfeitos. Após um processo mais ou menos longo de formação, o rapaz ou a moça são levados a tomar uma decisão positiva e rápida quando a Obra, que é uma parte importante da Igreja, apresenta à pessoa a vontade divina para ela. E não se deve deixar passar a oportunidade! É Cristo que passa e pode ir embora se não for atendido no momento em que, num retiro, num convívio ou num recolhimento, tudo foi preparado para que a pessoa "visse" a sua vocação para a prelazia tal como o "Nosso Padre" viu a Obra em 1928. Pode não haver uma segunda oportunidade! Imagine-se o impacto dessa convocatória feita por um sacerdote e/ou por um diretor a um jovem temente a Deus, previamente preparado para dizer sim. É muitíssimo difícil dizer não a Deus e ter de se sentir, para sempre, como aquele jovem rico do evangelho que frustrou os propósitos do Criador.

Diante dessa coação espiritual, o jovem ou a moça decidem ser da Obra, "livremente"... E, de fato, o numerário não sabe realmente com o que está se comprometendo. Sabe, sim, que viverá o celibato, que deverá morar num centro da Obra, que deverá ter uma vida mortificada, mas são todas determinações genéricas.

Um numerário na Obra pode começar muito cedo, com quatorze anos e meio. Nesse caso, são os chamados "aspirantes" (embora, para todos os efeitos, a Obra já lhes incuta veementemente que a vocação é definitiva e nunca se fala de um período de teste). Logicamente, a Obra, com toda a sua "prudência", estimula com "argumentos divinos" os aspirantes a esconderem essa situação da sua "família de sangue", com o intuito de desenraizá-lo do seu ambiente familiar e trazê-lo para sua nova família, de laços sobrenaturais. Mesmo o que ingressa como numerário com mais de 18 anos é desestimulado a compartilhar com a família uma decisão tão séria, e uma imagem evangélica usada para corroborar a necessidade de se desprender da família é aquela em que o Menino Deus permanece em Jerusalém sem avisar os pais...

Após o seu ingresso, em princípio irrevogável, o numerário aos poucos vai se moldando à Obra até que, em palavras do seu fundador, tenha somente o fim corporativo. É nesse moldar-se (ou anular-se) que a violência moral e espiritual se processa, lenta mas poderosamente. Toda e qualquer espontaneidade é suprimida e substituída gradativamente pelo dever de servir a Obra, que é, como se pode depreender, sinônimo de servir a Deus e a Igreja. A vontade de Deus vai se manifestando concreta e paulatinamente ao numerário pelos diretores, que também são numerários. A obediência genérica vai sendo detalhada... Para aquele que mora nos centros da Obra, mesmo um simples telefonema aos pais será motivo de consulta, pela qual se estabelecerá a conveniência de se fazer ou não a chamada. As correspondências que chegam para o numerário são todas violadas pelos diretores, e as cartas escritas pelo numerário são lidas por esses mesmos diretores antes de lacradas nos envelopes e enviadas. O numerário vai descobrindo, assim, pouco a pouco, em que consiste ter dito sim a Deus. Trata-se de ter dito um sim definitivo à Obra, sempre, em qualquer assunto, pois nela "não existem desobediências pequenas" e já não existe uma vida propriamente individual.

A coação exercida dentro da Obra, que consiste em fazer com que uma pessoa realize "livremente" e com "alegria", mesmo não querendo, mesmo chorando, mesmo amargurada e aflita, o que lhe é ordenado, sempre em nome de Deus, é a mais sofisticada e brutal forma de manipulação perpetrada contra a dignidade humana. É uma coação, digamos assim, limpa e sem marcas, na qual não é necessária a força ou a tortura física. Os diretores assumem, perante o numerário, uma dignidade divina. Os diretores devem ser obedecidos sem pestanejar, e os que obedecem terão de dizer que obedecem porque queriam e querem sempre obedecer.

O Opus Dei é uma máquina manipuladora perfeita, perversa, sugadora da individualidade e da liberdade de seus membros e só poderá ser detida ou reformada se pessoas decentes dentro da Obra se revoltarem e não aceitarem as loucuras que dizem ser vontade de Deus. É quase um sonho impossível. O poder manipulador da Obra, sua maneira compacta de ser, sua capacidade de evitar críticas internas, a convicção presente na cabeça de seus membros de que o Opus Dei é fruto de uma inspiração divina, de que a Igreja aprova o que o Opus Dei é e realiza, de que tudo o que o "Nosso Padre" escreveu e disse é a pura verdade – todo esse quadro parece impedir que surja um reformador ou um grupo de reformadores da Obra. Qualquer assomo neste sentido é devidamente esmagado... em nome de Deus.

Tudo é dirigido e controlado, até os mínimos detalhes. Dentro da Obra se pratica a vigilância do que fazem todos os seus membros, e em relação aos numerários a vigilância é ainda mais cerrada. A Obra teme a espontaneidade e a liberdade, pois vê nelas uma possibilidade concreta de desvio da ortodoxia – "ortodoxia" segundo os critérios do Opus Dei, é claro.

Os numerários plenos, por assim dizer, são os que já não têm outra finalidade na vida senão o corporativo: defender o Opus Dei contra tudo e contra e todos e fazer com que ele cresça. Este era o anseio maior do seu fundador: ter à sua disposição um exército de homens e mulheres desprovidos do sentimento de humanidade pelo próximo, desprovidos de empatia pelo outro, ou seja, pessoas incapazes de se colocar no lugar do outro, absolutamente envolvidas com o institucional. Quando alguém se torna "institucional", também não consegue mais enxergar o "individual" dos outros. O "ama ao próximo como a ti mesmo" torna-se uma frase sem sentido, pois o "tu" que serve como exemplo desse amor cristão, o "eu" que Deus ama, perde entidade, e, assim, os "eus" dos meus próximos esvaziam-se de sentido também.

O discurso oficial "caridoso" está presente, mas, na prática, os numerários – esse punhado de homens e mulheres que está à frente da Obra – atuam como extensão da máquina, não cultivam sentimentos, desprezam a sua individualidade e a dos outros, relativizam a dignidade humana em nome da "divindade" do empreendimento, desprezam os desejos de liberdade. O fim corporativo não diviniza ninguém, antes brutaliza. E os numerários, leigos e clérigos, que não conseguem ajustar-se, têm dois destinos, basicamente: ou permanecem "desajustados" dentro da instituição, meio que marginalizados, cumprindo tarefas rotineiras, buscando compensações ocultas (ocultas e às vezes toleradas pela instituição, contanto que essas pessoas não causem problemas), ou se tornam elementos descartáveis, e a Obra se encarregará de afastá-los numa ocasião propícia.

Ainda sobre o contraste... sair do Opus Dei

O que mantém então um numerário, mesmo insatisfeito, dentro da Obra por muitos anos ou até a morte? O ideal da santificação do cotidiano, o ideal de cumprir a vontade de Deus, a amizade por outros numerários (companheiros da mesma sina), a amizade pelos que freqüentam regularmente os centros e também a pressão, a alcunha de "traidor" que receberia caso deixasse a Obra, e o medo de ir contra a vontade de Deus, manifestada, como vimos, na vontade dos diretores, ou, pior ainda, o medo de sair da redoma e enfrentar o mundo real. Na Obra, ouve-se com freqüência (e eram as palavras do seu fundador) que quem a abandona jamais será feliz na vida, e, mesmo aquelas coisas que trazem um pouco de felicidade ao mundo, parecerão fel na boca dos que a abandonam. Felizmente essa caridosa profecia em geral não se realiza. Por acréscimo, é claro, há o medo de ter de enfrentar o equacionamento material de sua vida: ter de começar, digamos, aos quarenta anos, a vida a partir do zero financeiro, sem amigos (as amizades da Obra desaparecem no mesmo dia em que se sai dela) etc., além da vergonha de ter levado anos para perceber a arapuca em que tinha caído...

Porém, existe o trauma. O trauma que um numerário experimenta quando, depois de um processo curto ou longo de sofrimento psíquico e espiritual, decide abandonar a Obra advém da indução de que está atuando contra a vontade de Deus e da dor que sente ao deixar alguns bons e queridos amigos numerários e amigos que freqüentam os centros, amigos com os quais não se terá mais relacionamento. Outra fonte de dor para o numerário que se desliga da Obra é perceber a frieza e a insensibilidade dos diretores leigos ou dos clérigos. Quando o numerário pensa em sair, via de regra encontra-se com a alma ferida, o coração partido, por vezes está deprimido, o corpo cansado, e a recomendação que recebe nesses momentos é a de que precisa manter-se fiel custe o que custar, cumprir o plano de vida, rezar e mortificar-se. Esse plano de vida (meditação, oração, missa e outras boas práticas espirituais) tornam-se um plano de morte. Nada faz sentido nesse momento. É como se um maratonista, mesmo não tendo forças para chegar ao fim da corrida, fosse pressionado a correr mais e mais. Essa pressão, destituída de um mínimo de sensibilidade psicológica, de um mínimo de compaixão humana, leva, em não poucos casos, à revolta contra Deus e contra a Igreja.

Não é raro ouvir de ex-numerários que eles têm sonhos ou pesadelos recorrentes. E, curiosamente, na maioria das vezes trazem a mesma cena: ter voltado a ser membro da Obra e arrepender-se por isso, querer sair e não conseguir. Um dos autores deste livro, o doutor Dario Ferreira, faz um relato bastante vivo nesse sentido:

"Meu sonho, em particular, é sempre o mesmo: subitamente encontro-me na sala de estar do centro de estudos, rodeado de numerários. O momento parece ser minutos antes do terço num sábado à noite (todos os ex-numerários se lembrarão dessa cena). Encontro-me sentado no sofá voltado para o centro da sala, no conjunto mais próximo à porta. Estou só, muitos conversam, alguns olham para mim. Sinto um profundo e silencioso desespero que vem da sensação de que eu não deveria estar ali... No sonho pergunto-me constantemente: 'Será que eles já sabem? Será que estão fingindo que não sabem? Quero sair daqui, quero ir embora!!!'. A sensação é tão viva que acordo num sobressalto, temendo ser verdade...

Deixei o Opus Dei há mais de vinte anos, e ainda continuo sonhando com minha vida na Obra! Parece-me que a marca do sofrimento e dor, não apenas a causada pelo uso de cilício e disciplinas, mas a que vem da eterna sensação inculcada pelo *modus operandi* do Opus Dei e por seus diretores de estarmos sempre pecando, sempre tendo mau espírito, de estarmos sempre sendo vigiados... a sensação de opressão permanente, essas sim, as mais fortes dores vividas por um numerário... ficam gravadas a fogo na alma, são indeléveis.

Contra os maus agouros do fundador, que são repetidos em uníssono pelos diretores da Obra (como num perverso canto gregoriano), nunca fui infeliz por ter saído. Esses sonhos não são a demonstração inconsciente da infelicidade predita, são a manifestação da cicatriz psíquica dos tempos de cativeiro".

Também não é raro que um ex-membro, a exemplo de outras pessoas que permanecem na instituição, repita frase como estas: "Ah, se não fosse o Opus Dei, eu seria um trapo sujo..."; "Se não fosse o Opus Dei, apesar de ter saído, eu seria um desqualificado..."; "Graças ao Opus Dei, eu não me tornei um infeliz..."; "Tudo o que sou, mesmo tendo saído, devo ao Opus Dei...".

Essas afirmações (repetidas, certamente, sem muita reflexão) são um subproduto de uma avaliação equivocada. A impressão que se tem, ao ouvir essas sentenças autodepreciativas, é a de que a pessoa, ao ingressar na Obra, conseguiu escapar das garras deste mundo pervertido, incluindo-se nesse "pacote" a família em que ela nasceu e foi criada até conhecer o Opus Dei. O curioso é que o Opus Dei a selecionou justamente por ser ela uma pessoa católica, com boa educação familiar, com boas intenções, com certa posição econômica, com coração generoso...

Em outras palavras, o Opus Dei não selecionou para seu quadro (especialmente os numerários) homens e mulheres que estavam num presídio, ou mendigando na rua, ou assaltando bancos e seqüestrando crianças, ou em clínicas de recuperação para drogados, nada disso. Muito pelo contrário! Portanto, se não fosse o Opus Dei, dificilmente a pessoa que entrou, ou quase entrou, ou está na prelazia, ou dela saiu, teria sido um "caso perdido". Seria, na realidade, uma pessoa normal, com defeitos e virtudes, com erros e acertos, com derrotas e vitórias.

Talvez o que o ex-membro da Obra queira dizer é que, se não fosse o Opus Dei, não teria se confessado semanalmente, não teria aprendido o valor da missa e, portanto, de uma maneira um tanto hiperbólica, seria "pior" do que é, seria um trapo sujo, um ser desqualificado... Como se os sacramentos fossem propriedade exclusiva dos membros do Opus Dei...

Aqui reside o maior perigo dessa mentalidade pretensamente cristã. Por trás desta afirmação tão "humilde" pode esconder-se, no caso dos membros, um subtexto: "Se não fosse o Opus Dei, eu seria uma pessoa desqualificada; ora, como sou do Opus Dei, sou um cristão acima da média, e os que não são ou deixaram de ser do Opus Dei, são ou voltaram a ser um trapo sujo, pessoas desqualificadas etc.".

Por outro lado, se não fosse o Opus Dei, diga-se de passagem, muitas pessoas cooptadas pela prelazia e que dela saíram não teriam perdido a fé, desiludidas com uma instituição que prometia a felicidade na terra e no céu, e cujo principal intuito é manipular a generosidade de jovens que desejaram entregar suas vidas em nome de um ideal que parecia verdadeiro e, com o tempo, mostrou-se falsificado.

Um numerário sai sem nada. Sai com os objetos pessoais... e só. Para quem sai assim, a vida começa praticamente do zero. Não do zero total, pois, apesar de tudo, a experiência, a formação profissional adquirida fora da Obra, a capacidade de pensar, o amor a Deus e a essência da dignidade humana não podem ser suprimidos por vontade de homem algum ou por organização alguma na terra. Apesar dos pesares, um numerário que, mal ou bem, descobre ter sido vítima de tal processo de manipulação, retoma sua vida com uma profunda e misteriosa felicidade. Como naquele filme em que um ex-presidiário, trabalhando num supermercado, só consegue ir ao banheiro para urinar depois que pede autorização ao gerente (são condicionamentos do tempo em que devia pedir autorização ao guarda...), um numerário por vezes se sente tolhido, um tanto "travado", mas aos poucos, com a graça de Deus e a ajuda de amigos, pode recuperar a alegria de viver.

Na realidade, ser ex-numerário é ter de lidar com o passado, e o passado, como escreveu o contista angolano José Eduardo Agualusa, "é como o mar: nunca sossega". A propósito, aquela oração que se reza na missa, logo após o Pai-Nosso: "Livrai-nos, Senhor, de todos os males...", durante muitos séculos e até 1970 prosseguia de modo muito sugestivo: "...de todos os males *passados*, presentes e futuros...".

A reforma litúrgica do Vaticano II houve por bem suprimir esse trecho ("passados, presentes e futuros"), alegando que o povo não entenderia a formulação "livrar dos males passados". E foi uma pena, porque se trata de um fato, mais do que litúrgico, ontológico e psicológico. Sim, é certo que nem Deus pode mudar o passado, nem extinguir os males passados... mas Deus pode, sim, em sua misericórdia, fazer com que aqueles males passados não continuem se projetando no presente e no futuro, como faz observar o filósofo Julián Marías a respeito dessa idéia presente na oração suprimida.

Todo o problema do ex-numerário está em sair efetiva e integralmente do Opus Dei, não só formalmente (isso ele já o fez e daí que seja um ex-numerário), mas – e é tão difícil! – sair com tudo, escapando psicologicamente dos esquemas de pensamento implantados nele pela prelazia. Em qualquer caso – e é até uma regra empírica – nenhum ex-numerário estará resolvido enquanto não reconhecer que a Obra, objetivamente, lhe fez mal e continua fazendo mal a muita gente, prejudicando a Igreja e a sociedade...

Como temos visto, a Obra de Deus se considera a expressão objetiva de Deus no mundo. Ela se julga o corpo de elite da Igreja Católica e o baluarte da ortodoxia e da verdade. Com ela, portanto, não há possibilidade de diálogo, seus ditames são infalíveis. Sempre podemos, no entanto, fomentar a esperança de que a Igreja saberá, um dia, intervir na instituição, ou mesmo extingui-la.

Por enquanto, a Obra parece, aos olhos de alguns, mais divina e ortodoxa do que a própria Igreja. A Igreja suprimiu o *Index*, e a Obra tem um e aumentou a sua lista de livros proibidos. A Igreja pediu perdão pelos erros e crimes cometidos no passado, e a Obra mantém-se orgulhosamente acima do bem e do mal, por mais que se multipliquem testemunhos, segundo os quais ela (e não apenas diretores atuando isoladamente) maltrata e humilha pessoas concretas. A Igreja se aproxima de todos, de braços abertos, e a Obra seleciona, discrimina: por exemplo, ela não admite como supernumerários homens que tenham sido seminaristas na juventude.

IV

OPUS DEI BRASIL

No Brasil e a partir do Brasil...

E a Obra aportou no Brasil no final da década de 1950. No Brasil lançou e continua lançando suas raízes. Lenta e progressivamente. Muitos "apitaram" e "desapitaram". Fixou-se no estado de São Paulo, primeiramente, de onde partiu para outras cidades e estados (Rio de Janeiro, Campinas, Curitiba, Belo Horizonte, Porto Alegre, Londrina, São José dos Campos...), até mesmo "exportando" alguns numerários para outros países: Japão, Suécia, República Dominicana, Polônia, Uganda, República Tcheca, Índia... No Brasil, concentrou sua atenção no sudeste e no sul do país, regiões mais ricas, com uma vida universitária e cultural mais intensa, a fim de construir uma base de numerários. Sem essa base é impossível fazer a Obra.

Para conseguir vocações de numerários brasileiros, foram enviados numerários espanhóis e portugueses, sob a orientação de padre Xavier Ayala, o doutor Xavier (como ele gostava de ser chamado), um fidelíssimo colaborador de Josemaría Escrivá. Podemos antecipar que o doutor Xavier primava por demonstrar, e cultivar, um temperamento rijo, seco, de poucos risos. Haveria talvez certa ironia (ou sarcasmo?), que o levou a definir o Brasil como "um continente sem conteúdo", palavras que não devemos atribuir a uma falsa ou verdadeira modéstia. Trata-se de uma afirmação contundente, cunhada com o propósito firme de manter a austeridade e impedir qualquer tipo de euforia ou entusiasmo para com o Brasil. Tudo no doutor Xavier tendia à austeridade, que era vista como o máximo de equilíbrio. Com relação à aquisição de bens materiais, seu critério era "curto e grosso": "Nem somos os primeiros a ter, nem os últimos". Com essa maneira de ser, sua missão, ao conduzir a Obra no Brasil, era manter as rédeas curtas, e as manteve.

Mas vejamos mais detalhadamente como as coisas aconteceram neste "nosso continente sem conteúdo".

A Obra chegou ao Brasil e começou a procurar universitários que, tornando-se numerários, pudessem oferecer o necessário apoio para a penetração e enraizamento no novo país. Para um universitário católico brasileiro que conhecesse o Opus Dei na década de 1960 – mesmo que estivesse diante de algo tão incipiente, ou talvez até por isso mesmo –, a instituição surgia como portadora de uma grande e saborosa novidade. Essa novidade contrastava, à primeira vista, com um catolicismo que, no Brasil, em geral, assumira um aspecto meio esquisito e afetado. Afetadas eram as devoções. Afetada era a pregação. A profundidade da inteligência entre os católicos daquela época também não era muito grande. Afora dois líderes leigos de projeção nacional como Alceu Amoroso Lima e Gustavo Corção, e ilhas de excelência em ordens religiosas como os beneditinos no Rio de Janeiro, em geral o forte da religião dominante no país não era a intelectualidade.

O clero, por outra parte, recrutado sobretudo em meios rurais, não era, nos seminários de então, formado propriamente por intelectuais. Era comum que a mesma afetação das devoções se transpusesse para a pregação e até para o tom de voz de muitos dos pregadores... Era também o tempo dos colégios de padres, só para meninos, e de freiras, para meninas, onde a religião se apresentava como algo obrigatório e baseado no temor de um Deus que vigiava e castigava com as chamas do inferno etc., para não falar dos temíveis colégios internos de religiosos, com que os pais ameaçavam os filhos rebeldes...

Por caricaturesco que possa parecer hoje, essa era a realidade de boa parte do catolicismo brasileiro à época do Concílio Vaticano II. Mas havia um outro tipo de catolicismo, engajado nas questões políticas e sociais, e que se empenharia na luta contra a ditadura militar que em breve se instalaria no país. Tratava-se de um catolicismo "de esquerda". Havia os chamados bispos "vermelhos". Dom Helder Câmara, bispo no Rio de Janeiro desde 1952, assumiu a Arquidiocese de Olinda e Recife em 1964 e simbolizava esse catolicismo preocupado com as realidades terrenas, que se consubstanciaria na teologia da libertação.

Perante essas duas opções, um tipo de jovem universitário daquele momento histórico sentia-se pouco motivado a viver a fé católica. Para quem o catolicismo tradicional, tantas vezes "carola", parecia repugnante e, por outro lado, não julgava necessário comprometer-se com determinados setores da Igreja para combater a ditadura, a religião aparecia como uma realidade dispensável. Por isso, a partir da adolescência, era muito comum que já não se fosse à missa, não se confessasse, rezasse muito pouco...

Na realidade, o mundo, e também o Brasil, vivia uma época de crise religiosa e clerical. E não havia ainda – ou estavam apenas em gestação – os diversos movimentos que existem hoje na Igreja e que representam uma manifestação do Espírito Santo, não obstante seja necessário acompanhar (conforme alertava o então cardeal Joseph Ratzinger, hoje papa Bento XVI, em várias entrevistas e artigos) sua inserção na dinâmica eclesiástica.

Naquele contexto de quarenta anos atrás, porém, entre o catolicismo "xarope" e o catolicismo dos "padres de passeata", como dizia Nelson Rodrigues, o contato com os centros do Opus Dei em São Paulo (até 1975, a única cidade na qual a Obra estava presente)[1] levava à descoberta de um catolicismo totalmente diferente e, afinal, muito atraente. Um catolicismo praticado de modo sério, coerente e alegre, por universitários sem a menor sombra daquela afetação, mais preocupados com o estudo, com a profissão, do que com a atividade político-ideológica.

Em geral, as pessoas eram "recrutadas" para ir a esses centros, não para participar de atividades religiosas. Estas pareciam, num primeiro momento, ser de pouca relevância, ou eram vistas como algo optativo. O "prato forte" eram os eventos e cursos de interesse estudantil. Ia-se em busca de técnicas de estudo, por exemplo. Nos centros, ensinava-se a usar a régua de cálculo, e os colegiais (os que freqüentavam o ensino médio da época) recebiam orientação profissional personalizada. Organizavam-se partidas de futebol, excursões ou festivais de música. Enfim, para os padrões brasileiros da época, uma oportunidade de crescimento humano.

Vale ressaltar que, naquele tempo, não havia a oferta de cursos e atividades extracurriculares por parte das escolas, academias e instituições particulares e públicas com a profusão de hoje. Os centros da Obra surgiam, portanto, como autênticos centros culturais, uma empolgante proposta de aperfeiçoamento humano e intelectual, em que a amizade leal era um fato palpável, proposta à qual estava acoplada, de maneira não muito clara (mas isso pouco importava...), a mensagem "revolucionária" do Opus Dei.

Aproximadamente metade das dezenas de jovens que freqüentavam esses centros em São Paulo era composta por universitários, sobretudo da USP; a outra metade, por colegiais. Só depois de participar desse lado acadêmico ou esportivo do centro e de receber a simpatia e a amizade dos numerários, vários deles com sotaque espanhol, a pessoa era convidada para a meditação semanal: uma palestra de meia hora ministrada pelo sacerdote, no oratório do centro.

Os sacerdotes – como padre Rafael Llano Cifuentes, padre Manuel Correa ou padre Alípio Maia e Castro – eram figuras cativantes: todos tinham concluído um curso universitário leigo além de um doutorado em ciências eclesiásticas. Nada daquela afetação dos padres da época, nada do despreparo intelectual, nada de preocupações ideológicas que colocassem a religião em segundo plano. Pregavam o evangelho com linguagem apropriada para um universitário. E havia também os círculos, palestras dadas pelos numerários num tom novo e atraente. O leitor mais jovem não terá talvez idéia do impacto, da imensa novidade que era a "pregação" realizada por leigos. Um verdadeiro avanço em termos de atuação apostólica.

A mensagem transmitida com vibração, e tudo indicava uma coerência radical, era a da santidade no meio do mundo, um cristianismo pleno, arrojado, em que os leigos surgiam como protagonistas de uma nova evangelização, amando o mundo apaixonadamente, defensores da liberdade, da fé, da inteligência. Essa mensagem concretizava-se na vida de entrega daqueles numerários que moravam juntos, como uma família, e tinham como missão na vida ser uma injeção intravenosa na sociedade para renová-la, colocando Deus no cume de todas as atividades humanas.

A partir de meados da década de 1970 e até hoje, muitos começaram a perceber uma progressiva transformação interna do Opus Dei. Ou era a camuflagem que se desfazia, e a verdadeira face da instituição surgia diante de nós? Daquele ímpeto apostólico dos anos 1960 passou-se a uma gradual transformação do numerário num simples burocrata.

Contribuíram para isso o próprio crescimento (e institucionalização) da Obra, a expansão para outras cidades, a fundação do Centro de Estudos (em 1972, uma espécie de escola de cadetes de numerários), o crescente temor do mundo, a incapacidade de lidar com as críticas ao Opus Dei feitas nas melhores universidades etc. Aquele primeiro Opus Dei que tanto nos atraía, por trás de sua crosta de modernidade e arrojo, era, na verdade, a melhor fórmula encontrada pelo fundador espanhol para uma sociedade (e uma Igreja) pré-Vaticano II: uma Igreja de séculos de retranca (da Contra-Reforma, da Contra-Revolução, do contra...), uma Igreja incerta a respeito das respostas apropriadas que deveria dar a um mundo desejoso de pluralismo e de tolerância.

A grande e verdadeira resposta veio com o Concílio de João XXIII. Contudo, como dizia o fundador, a Obra já estava "esculpida" e pouco tinha a aprender com o Concílio. Era e é cada vez mais evidente que o Opus Dei sente hoje imensas dificuldades para dialogar com um mundo no qual, pretensamente, estaria inserido. Daí que, na prática, os numerários vivam hoje uma vida quase conventual.

Assim, daquele impulso dos começos, muito pouco resta. A presença atual do Opus Dei em universidades como a USP ou a UFRJ é praticamente nula, quando o "antigo" ideal era transformar o mundo por meio de "uma aristocracia da inteligência", como repetia Escrivá. A partir de 1974, as restrições às leituras tornaram-se ainda mais intensas (o imenso *Index* de livros proibidos internamente a que nos referimos), o que impossibilita um amadurecimento intelectual em diálogo com o pensamento contemporâneo e, portanto, uma presença séria de membros da Obra, notadamente no campo das ciências humanas. Hoje, poucos universitários freqüentam os centros. A maioria dos numerários cada vez mais sairá de clubinhos de crianças anexos aos centros (em geral, freqüentados por filhos de supernumerários ou de cooperadores), que, ao completarem quatorze anos e meio, são convidados para a Obra.

Mesmo aquele "clericalismo" tão combatido pelo Opus Dei daqueles tempos "heróicos" começa a ser praticado pelo "novo" Opus Dei (ou será que o "antigo" estava apenas ocultando o verdadeiro Opus Dei?). É freqüente ver, na programação recente da Rede Vida, membros da Obra dando "palestras", algo inimaginável no Opus Dei originário, que inclusive ridicularizava iniciativas como a de uma TV católica.

O Opus Dei, no entanto, continua apresentando a sua velha camuflagem quando inicia seu trabalho numa nova cidade. Uma imagem de liberdade e vigor, através da exposição de alguns (poucos) de seus membros mais brilhantes (essa restrita minoria, sim, goza de alguma liberdade), como o jornalista Carlos Alberto Di Franco, ou o bispo dom Rafael Llano Cifuentes, ou o empresário Guilherme Döring da Cunha Pereira (herdeiro de um dos mais importantes grupos de imprensa escrita e televisiva do sul do país), ou de jovens membros naturalmente simpáticos, que servem de "isca" para novos ingênuos. A realidade, porém, por trás de seus muros, é a de uma estrutura fortemente hierarquizada, uma alta incidência de doenças mentais e uma crescente frustração de seus membros mais antigos, que viram a redução de seu sonho de juventude à observância minuciosa de um emaranhado de milhares de regrinhas e proibições que geram escrúpulos, culpas, medos...

Acontece – e o Opus Dei sabe esgrimir isso com maestria – que a Obra foi transformada em prelazia pessoal da Igreja e recebe da hierarquia eclesiástica (ao contrário do que acontecia nas décadas de 1940 e 1950) um apoio quase unânime. Daí a confiança impensada que tantos – dentro e fora do Opus Dei – depositam na instituição. Basta-lhes o aval eclesiástico, que, como tudo na vida da Obra, foi na verdade concedido para o aspecto externo, para os estatutos, para os papéis, para as imagens de *marketing* institucional (jovens felizes que aparecem cantando para o Sumo Pontífice e gritam "Viva el papa"), para um e outro centro de assistência social para os pobres como cartão de visitas etc.

A realidade dos bastidores é bem outra: burocratas, com medo do mundo e das autoridades da Obra, uma escola de egoísmo, soberba e frustração. E o que mais entristece nesse quadro é que os membros da Obra foram e são recrutados entre pessoas boas, generosas, dispostas a sacrificar-se para servir à Igreja, pessoas que, com o passar dos anos, em vez de percorrerem o caminho da vida de oração e ação que buscavam inicialmente, acabam se transformando nesses burocratas acinzentados, sem outra habilidade que a técnica de falar de Deus... É o termo final de um processo, típico das seitas, de socialização/integração, baseado numa lenta e progressiva despersonalização efetuada por meio da insegurança (moral, social, econômica, profissional, existencial, enfim) provocada deliberadamente pelos diretores nos membros.

Doutor Xavier e seu sucessor

Para entender melhor (ou procurar entender melhor) o Opus Dei no Brasil, é necessário fazer pelo menos um esboço do perfil psicológico de padre Vicente Ancona López, atual vigário regional da prelazia no país. Tarefa difícil, como verificaremos. É do pensador espanhol José Ortega y Gasset a genial observação de que a metáfora não serve só para expor o pensamento; ela possibilita o próprio pensamento. E, no caso do padre Vicente, essa dificuldade é levada à última potência, pois é impossível encontrar um adjetivo, uma metáfora, um modo de "apanhá-lo" e compreendêlo. Mesmo pessoas muito inteligentes e sensíveis, que conviveram durante anos com ele, fracassam diante dessa tarefa... Afinal, quem é o padre Vicente e em que medida uma resposta a essa pergunta nos auxilia na análise do *modus operandi* da prelazia?

A propósito, todas as vezes que alguém procurou responder cabalmente à pergunta "o que é o Opus Dei", ou recebeu uma resposta oficial, imunizada, ou se viu diante de uma realidade complexa, em que se misturam tantos aspectos que o observador acaba por se calar. Todos os que já tentaram compreender a emaranhada e ambígua realidade do Opus Dei sentiram enorme dificuldade. Sobre esse assunto especificamente foi publicado o livro virtual a que já nos referimos, de um ex-numerário extremamente sagaz, de cognome Satur, *¿Alguiem sabe qué es el Opus Dei?*[2], em que o autor põe em evidência essa delicadíssima questão.

Voltando à figura de padre Vicente (e não se trata, aqui, de denegrir uma pessoa, mas de analisar seu papel como líder religioso), a premissa é que esse enigmático sacerdote só está há mais de dez anos na chefia do Brasil por uma única razão: é tão enigmático quanto o próprio Opus Dei. Ou, como dizia o fundador Josemaría Escrivá, trata-se de "fazer o Opus Dei, sendo tu mesmo Opus Dei"... E padre Vicente o conseguiu. Logo, tornou-se chefe natural do Opus Dei...

Antes dele, porém, como já dissemos, estava à frente da Obra no Brasil o doutor Xavier Ayala.

Doutor Xavier era mais linear, mais fácil de entender. Veio para o Brasil, no final da década de 1950, com a determinação férrea de fazer o Opus Dei neste país, custasse o que custasse. Não se comportava como um líder carismático, ou como um pai de família. Sua figura era mais a de um *vice-rey* (e exerceu seus plenos poderes por trinta anos, até falecer, em 1994). Aliás, sua tese de doutoramento na Espanha franquista foi sobre o poder dos vice-reis: "Las ideas políticas de Juan de Solórzano". No mínimo sugestivo...

De temperamento fortíssimo (o próprio Escrivá lembrava suas características aragonesas: dureza e teimosia), era um elemento intocável dentro do Opus Dei em nível mundial. Homem-chave para a Obra (como canonista, participou da elaboração do novo Código de Direito Canônico, no qual foi criado o fundamento jurídico para as prelazias pessoais) e, além do mais, um dos primeiríssimos a ingressar na Obra, na década de 1940. Seu temperamento fortíssimo (para não dizer difícil, que convinha aos demais governantes da Obra manter no outro lado do Atlântico...), marcado por um realismo pragmático implacável, potencializou-se no Brasil.

O doutor Xavier era um espanhol dos antigos. Como adolescente, vivenciou a Guerra Civil. Tinha visto conventos incendiados, perseguições a religiosos e participou da vitória contra o comunismo como uma conquista benéfica para os católicos tradicionais da Espanha. Trabalhou para o Opus Dei em Portugal nas décadas de 1940 e 1950, sofreu inúmeras decepções em Portugal (não só as vocações iam embora, mas sentiu-se traído por pessoas em quem ele confiara). E assim no Brasil aportou... bastante escaldado.

Não é necessário recorrer a maiores sociologias ou psicologias para compreender o doutor Xavier. Ele tinha uma idéia de Brasil como um país de irresponsáveis (samba, mulatas, sexo, futebol etc.) e sua política pessoal era a de não confiar (entre os membros espanhóis da Obra no Brasil corre o dito jocoso "no os fiéis", "não dá para confiar", como reflexo dessa postura). Exigia obediência total, doesse a quem doesse... E, quando doía, considerava tudo natural. Na guerra como na guerra...

Seu governo era o de uma política totalmente pragmática: arrancar agressivamente a "vocação" de numerário em todos aqueles que parecessem ter um mínimo de condições. Se depois não desse certo, se depois "quebrasse", que a pessoa fosse embora e pronto! Uma política de resultados, sem medo e sem "frescuras". Essa mentalidade da política de resultados é, como veremos, muito importante na tentativa de compreensão do estilo de padre Vicente e, certamente, dos próximos a ocuparem o cargo máximo da Obra no Brasil.

A política apostólica do doutor Xavier, que nos inícios do trabalho da Obra no Brasil já contava com o carisma de um padre Rafael Llano Cifuentes e com a inteligência brilhante de um padre Alípio Maia e Castro, produziu seus frutos. Depois de um início algo melancólico na cidade de Marília, a vinda dos numerários para a cidade de São Paulo mostrou-se uma decisão acertada. Muitos jovens ingressaram no Opus Dei. Faziam-se tertúlias numerosas. Havia entusiasmo. Acontece que as defecções também foram e continuam sendo numerosas. A rotatividade, porém, dentro daquela política do doutor Xavier não emociona os dirigentes. No fundo, tudo vale a pena e nada se perde.

O governo do doutor Xavier não tinha contemplações! Poucos foram aqueles que conseguiram, ao passarem por maus momentos, sair ilesos. Quando um sacerdote que morava no Centro Cultural Pinheiros foi fazer um apelo à direção brasileira da

Obra para ajudar um outro sacerdote que ali morava, padre R. S., que naquele momento se encontrava à beira de um estresse, a ordem de doutor Xavier, que Emérico da Gama e Francisco Faus (dois de seus braços direitos) cumpriram à risca, foi uma só: "Deixem de fricote, façam mais mortificação e tudo isso passa!". É claro que não passou! Padre R. S. deixou a Obra (e o sacerdócio), e o outro sacerdote que fez o apelo e não foi ouvido, também entrou em crise. Homem boníssimo, à beira de um colapso, por milagre conseguiu ser transferido para a Obra na Argentina (o "milagre" e a "compreensão" se devem ao fato de ele ser filho de um supernumerário que muito apoiou doutor Xavier), onde está se recuperando até hoje e de onde não quer sair nunca mais. Embora na Argentina a Obra apresente os mesmos fundamentais problemas, lá esse sacerdote vive de certa forma como um eterno "visitante", protegido pelas infelizes circunstâncias que o levaram para lá.

As características do vice-reinado do doutor Xavier eram estas: centralismo absoluto, exigência do cumprimento exato das centenas de leis internas, ausência de diálogo e desinteresse por obras corporativas (colégios, faculdades etc.)[3], pois essas tarefas poderiam sugar a mão-de-obra de numerários que doutor Xavier precisava para consolidar materialmente a Obra brasileira (construir e mobiliar os centros, as casas de retiro, a casa da Comissão Regional no bairro do Sumaré em São Paulo, a expansão para os principais centros urbanos do país...). Em suma, pragmatismo total. Quem não estivesse contente podia ir embora. Ninguém é insubstituível!

Durante trinta anos de governo, doutor Xavier era ajudado pelo seu fiel escudeiro, Emérico da Gama (este sem o brilho da inteligência do doutor Xavier, mas com o comportamento de um capataz) e por dois homens muito inteligentes, mas que também se prestaram a secundar a política autoritária e insensível adotada: Alfredo Cantelli e padre Francisco Faus. De fato, se o Opus Dei, no mundo, surge como uma instituição "linha dura" (e por mais que a prelazia desminta, seu crescimento sob o governo franquista deixou em seu modo de atuar fortes marcas militares e ditatoriais), no Brasil notabilizou-se como linha duríssima. Foi este o único país do mundo em que um vigário permaneceu vitalício por trinta anos (em todos os outros países, há ou havia renovação a cada oito anos), mantendo a mesma equipe, com gente que jamais se atreveria a levantar a voz ou discordar do chefe supremo. Há uma teoria entre os numerários mais velhos, segundo a qual foi "providencial" trazer para o Brasil um chefe tão autoritário, contrastando com uma suposta mentalidade brasileira pouco inclinada para o cumprimento do dever, para a seriedade profissional etc.

Em 1994, doutor Xavier faleceu subitamente. Houve uma consternação geral na Obra brasileira, ainda que, secretamente, alguns se sentissem aliviados... Quem sabe não teríamos algum afrouxamento das amarras... No entanto, os colaboradores diretos do doutor Xavier aproveitaram a ocasião para, em tertúlias e reuniões, dizer com todas as letras que nada mudaria e que o espírito de exigência que imperava na região continuaria o mesmo. E havia, por outro lado, uma pessoa para garantir essa continuidade, alguém que o próprio doutor Xavier formara para assumir o comando: padre Vicente Ancona López, um brasileiro que encarnou perfeitamente o espírito e os procedimentos da Obra. Um brasileiro que, desse ponto de vista, tendo assumido plenamente o jeito de ser opusdeístico, seria o primeiro fruto maduro do Opus Dei em terras de quase-índios...

Nascido em 1948, porte de jogador de basquete (esporte que praticou, quando jovem, com sucesso), simpático, padre Vicente ri gostoso (assume um rosto de menino nessas horas) e parece sempre disposto a "bater papo". Com os jovens fala a linguagem dos jovens, sem afetação. Diante das moças da seção feminina surge com ares paternais. Quanto carinho! De fato, padre Vicente transmite a sensação de ser uma "pessoa legal", superlegal! Entre os homens, sabe falar palavrão na medida certa. Entre os que gostam de futebol, esgrime comparações atualizadas e pertinentes sobre o esporte bretão. Com pessoas sofisticadas, conversa em inglês e fala sobre literatura. Nas aulas de doutrina que ministrava na instituição, antes de ocupar o cargo mais elevado na hierarquia do Opus Dei no país, criava as melhores metáforas e esclarecia com precisão dilemas teológicos. Na sua pregação, deixa cair as maiores exigências, calculando com exatidão até onde pode bater sem quebrar o ouvinte.

Além de todas essas qualidades, ostenta um passado intelectual glorioso: ingressou em 18º lugar na Poli-USP, no ano de 1967 ("no tempo em que a Poli era a Poli, e a Elétrica era a Elétrica"). Do ponto de vista da entrega ao Opus Dei, é também um exemplo para todos: não chegou a se formar na Escola Politécnica porque, no meio do curso, foi estudar no Seminário da Prelazia em Roma e lá, além do doutorado em teologia, obteve um diploma de nível de graduação (um tanto duvidoso, mas útil para a construção de um prestígio interno) de pedagogia pela Universidade de Navarra. Conta-se que padre Vicente encantou os dirigentes da Obra em Roma e demonstrou sua vocação para ser o homem certo no lugar certíssimo...

Doutor Xavier o preparou para a sucessão durante longos anos. No entanto, curiosamente, em todo o seu aspecto exterior, padre Vicente parece ser o contrário do doutor Xavier. Se dependesse apenas dele, seria o Vicentão, o típico irmão mais velho com quem todo mundo sempre sonhou. Nada de autoritarismos. Nada de rigorismos. Um certo "deixa pra lá" que faz com que você fique muito à vontade... A esse respeito, um detalhe aparentemente inverossímil, mas real. Real e significativo. Quem conta essa história é José Antônio Macedo (hoje padre Macedo, morador em Niterói). Era um curso anual (convívio anual de 25 dias) na chácara Montes Claros, SP, e padre Vicente – que acabara de ser nomeado vigário do Brasil – foi passar uns dias com os numerários que lá estavam. Nessas ocasiões, os sacerdotes da Obra ficam andando pelo jardim, rezando o breviário durante cerca de meia hora. José Macedo veio eufórico contar para um grupo de numerários o que acabara de presenciar: "Isso é que é vigário, gente! O padre Vicente estava rezando o breviário lá embaixo e, de repente, deu uma parada e urinou ali mesmo no jardim! Não é o máximo?!".

Essa descontração total, num ambiente todo cheio de regrinhas, fascina qualquer um. Naturalmente, Emérico da Gama e padre Faus tiveram que "enquadrar" um pouco esse brasileiro... Mas, afinal, ele tinha sido escolhido pelo doutor Xavier e estava, no fundo, mostrando que dominava a situação ao seu modo... Não narramos esse caso para desmerecer padre Vicente, pelo contrário: numa Igreja de aspecto afetado, esse tipo de detalhe tem o seu lado saudável. Também nós, numerários na época, aplaudimos o gesto de potência!

Porém... por detrás desse aspecto de "cara superdescolado", gente como a gente, padre Vicente vive num abismo fundamentalista, e é preciso aproximar-se um pouco mais para perceber quanto esse abismo é profundo. Um abismo de fundamentalismo e teimosia absolutamente incomparáveis. E aqui reside o grande problema. Aqui está o maior dos enigmas.

Se uma pessoa conhece membros da Obra como o numerário Evandro Madeira ou o supernumerário Evandro Faustino, percebe que possuem um comportamento tradicionalista, calcado em rigorismos, não há com o que se enganar. Não há por que depositar esperanças de ter uma conversa aberta com membros da Obra que, até com mais sinceridade, têm esse perfil tipicamente autoritário. Mas padre Vicente não. Com ele as pessoas sentem vontade de falar, e é a ele que muitos numerários, supernumerários e adscritos recorreram ao se verem em apuros, ao sentirem na pele as contradições do Opus Dei.

Pois bem, é justamente nesse momento que sentimos a vertigem. Nessa hora, o (insuspeitado) abismo fundamentalista em que padre Vicente está imerso torna-se real e se abre sob os nossos pés! E nele vários já caíram. Todos os que conviveram com padre Vicente podem relatar essa experiência em que "o chão se abre". Quando saímos com ele do terreno "amigável", vemos que não sabe ouvir ninguém e que governa sem olhar para a realidade, guiado por um sistema inquebrantável de idéias-mães. Padre Vicente sempre sabe muito bem o que tem de fazer e dizer. Não precisa dos conselhos de ninguém. E quando, então, alguém se enche de coragem, vai se queixar com ele e lhe dizer que algo está errado no centro, ou que um determinado diretor ou diretora de um centro tomou tal decisão errada etc., padre Vicente não perde tempo nem se dá ao trabalho de apresentar explicações. Retira a sua máscara com rapidez (mal se percebe o gesto) e extrai da manga um rol de defeitos – reais ou fictícios – do interessado que veio fazer as tais queixas: "Fulano, você é um soberbo, não possui visão sobrenatural, além disso tem pouca vida de piedade e enfrenta problemas com a santa pureza...".

Ou seja, nessa hora crucial, quando uma pessoa decide recorrer ao representante máximo da instituição no Brasil, percebe que padre Vicente é Opus Dei realmente! A exemplo do doutor Xavier, que não tinha um pingo de sensibilidade para psicologia (mas com a diferença de poder, camaleonicamente, assemelhar-se a um Jung de batina), padre Vicente faz questão de não saber lidar com desarranjos e distúrbios psíquicos. Que o digam vários numerários ou ex-numerários que, com o seu aval de vigário da Obra no Brasil, são ou foram medicados com antidepressivos e hipnóticos pelo doutor Pablo (ou pelo numerário psiquiatra uruguaio, conhecido apenas como doutor Alec, que vem freqüentemente ao Brasil para cuidar dos casos mais graves).

Padre Vicente é tão irredutível quanto doutor Xavier. Pode enxergar todo tipo de problemas e confusões causados pelo evidente clima de cobranças absurdas dentro da Obra, mas jamais abrirá mão de seu sombrio fundamentalismo. Por trás de seu charme e de sua descontração calculada, é alguém que não sabe lidar com situações fora da rotina. Aliás, padre Vicente aposta todas as fichas na continuidade dessa rotina.

Um empreendimento editorial

O Opus Dei expandiu-se no Brasil a passo lento, mas seguro, entre as décadas de 1960 e 1980. Os centros culturais continuaram fazendo seu trabalho de arregimentação de numerários. Foi criada, para a publicação e difusão dos escritos de Josemaría Escrivá entre nós, a Quadrante – Sociedade de Publicações Culturais –, uma sociedade sem fins lucrativos, que iniciou suas atividades em 1964, em São Paulo, com a publicação do livro *Caminho*, em tradução do padre Alípio Maia e Castro.

No início da década de 1980, porém, os diretores do Opus Dei no Brasil conceberam a Editora Quadrante como um canal de divulgação não só dos escritos do fundador, mas também de outros escritos que refletissem as idéias do fundador. Mais ainda, que essa difusão se tornasse um verdadeiro empreendimento de vendas.

Para efeitos de difusão entre os membros da Obra no Brasil e para todos os efeitos quando alguém "de fora" pedisse informações e explicações, a Editora Quadrante era uma iniciativa apostólica individual de Emérico da Gama e alguns outros colaboradores, preocupados em difundir a doutrina católica. No entanto, como se fosse uma iniciativa da Obra enquanto instituição, todos os seus membros no Brasil receberam a notícia de que a Quadrante acabara de lançar uma assinatura anual de livros e que todos deveriam se dedicar, com espírito de sacrifício e renúncia pessoal, a divulgar essa assinatura, conseguindo que parentes e amigos aderissem ao que se chamava Círculo de Leitura.

O Círculo de Leitura tornou-se em alguns anos, por "decreto", sinal de que um membro da Obra estava preocupado com o apostolado. Carro-chefe da Editora Quadrante, não era apenas um empreendimento comercial, mas um tópico de grande interesse "espiritual" para os diretores centrais do Opus Dei no Brasil. Eram esses diretores – dos quais um deles era o próprio Emérico da Gama – que determinavam o número de assinaturas que deveriam ser vendidas e fixavam as quotas de assinaturas que cada centro deveria alcançar. Os diretores de cada centro, por sua vez, atribuíam quotas individuais aos membros da Obra a eles subordinados. O andamento da campanha era monitorado por meio de reuniões periódicas realizadas na sede central do Opus Dei em São Paulo (situada na avenida Professor Afonso Bovero, no bairro do Sumaré), às quais compareciam alguns dos diretores centrais e representantes dos diversos centros.

Em geral, eram os próprios diretores ou outros membros do conselho local (governo de um centro, composto por um diretor, um sub-diretor, um secretário e um sacerdote) que iam a essas reuniões, que, a rigor, deveriam se realizar na sede da editora, uma vez que era dela a iniciativa. O clima dessas reuniões era relativamente ameno, excetuando as intervenções de Emérico da Gama que, na qualidade de editor do Círculo de Leitura e diretor da Obra, se dirigia aos demais com a autoridade de quem via naqueles livros o grande trabalho apostólico... dele e de todos. Dedicava-se a dar algumas broncas nos diretores dos centros, cobrando maior empenho por parte de todos para que as vendas de assinaturas alcançassem as metas estabelecidas. Ou seja, vender assinaturas da coleção da Editora Quadrante fazia parte dos deveres vocacionais dos membros do Opus Dei. As pessoas que se empenhassem na divulgação desses livros estariam vivendo bem a sua vocação; por outro lado, a falta de sacrifício pessoal naquelas vendas denotaria falta de amor ao Opus Dei e à própria vocação.

O acompanhamento da campanha do Círculo de Leitura nos centros era feito de modo análogo: organizavam-se reuniões semanais nas quais as pessoas declaravam, em público (o que por vezes supunha grandes constrangimentos), quantas assinaturas tinham vendido desde a última reunião e quantas pretendiam vender até a reunião seguinte. Aqueles que já tinham vendido a sua quota de assinaturas costumavam ser dispensados dessas reuniões. Os que estavam longe de cumprir as metas de vendas recebiam correções fraternas dos demais moradores do centro.

Como a iniciativa da campanha partia dos diretores centrais (embora todos fizessem a restrição mental necessária para pensar que, no fundo, era uma iniciativa pessoal de Emérico da Gama que empolgava os demais...), a venda de assinaturas era encarada, pela grande maioria ao menos, como um dever de obediência à vontade de Deus. A falta de empenho pessoal na campanha constituía motivo para dúvidas de consciência, e muitos consideravam esse assunto como matéria de confissão! Afora as reuniões, cada numerário era cobrado depois, pessoalmente, pelo respectivo diretor ou por uma pessoa designada pelo diretor para essa tarefa. Em palestras e outros "meios de formação coletivos", dirigidos por leigos ou por sacerdotes, chegava-se ao cúmulo de querer incentivar as pessoas a fazerem sacrifícios pela campanha, tendo em vista os frutos apostólicos decorrentes. Pela maneira como era apresentada e conduzida, a campanha do Círculo de Leitura era uma iniciativa perfeitamente inserida nos fins da prelazia enquanto instituição.

Dentro desse cenário, é fácil entender, embora difícil de aceitar, o nível de submissão a que pode chegar um membro da Obra (submissão sempre mais cobrada aos numerários e adscritos por parte dos diretores dos centros). O dever dos diretores, pelo menos teoricamente, é zelar pela vocação "divina" dos membros da Obra e não transformar uma tarefa de vendas em questão de consciência, e muito menos atrelá-la ao problema da fidelidade a Deus. No discurso oficial, é claro, sempre será negado que essa iniciativa editorial contou com o trabalho anônimo e gratuito dos numerários e supernumerários que atuaram como agentes de venda e propagandistas, numa relação que nenhum juiz trabalhista hesitaria em qualificar como vínculo empregatício "de fato". Dir-se-á que todos fizeram isso por iniciativa própria, sem que ninguém da editora, muito menos da Obra, pedisse coisa alguma. O fato, porém, é que as pessoas que vendiam poucas assinaturas estavam, aos olhos de todos, vivendo mal a vocação, o que comprometeria a sua felicidade e salvação eternas. Por isso, segundo esses parâmetros confusos e contraditórios, podia-se compreender que algum diretor "espremesse" alguém para que fosse atrás das assinaturas, na medida em que, fazendo isso, prestava um enorme favor... espiritual para aquela pessoa. E que aquela pessoa, mesmo se sentindo "espremida", dissesse para si mesma que, no fundo, era culpada de não saber vender os sagrados livros da Quadrante...

Os supernumerários também foram obrigados a se tornar vendedores do Círculo de Leitura. Num ou noutro caso de supernumerários ricos, o problema estava milagrosamente resolvido. O supernumerário fazia ele mesmo um número considerável de assinaturas e as dava de presente aos seus amigos, poupando-se a humilhação de receber negativas como se fosse um caixeiro-viajante. Mas nem todos os supernumerários podiam ou podem dispor do dinheiro suficiente para essa modalidade de apostolado. Nas reuniões organizadas pelos diretores da Obra para orientar ascética e espiritualmente os supernumerários, também eles recebiam pressões comerciais. Dizia-se claramente que "os supernumerários demonstram o seu amor a Deus e ao Opus Dei empenhando-se nas campanhas do Círculo de Leitura". Os leigos que exerciam a direção (em princípio apenas sobre a vida espiritual e apostólica dos supernumerários) eram instruídos, por sua vez, para cobrarem de seus "dirigidos", pessoal e insistentemente, uma dedicação cada vez maior na venda das assinaturas.

Hoje parece que a Editora Quadrante está menos agressiva, mas esse clima de guerra comercial durou até o fim da década de 1990. Após uma visita da "comissão de serviços" (nome dado a uma espécie de visita de inspeção feita por pessoas enviadas de Roma, onde está o poder central da Opus), a cobrança arrefeceu um pouco (embora as reuniões continuem acontecendo esporadicamente), e passou-se a tolerar com mais paciência as pessoas que não "davam o sangue" pelas campanhas. Evidentemente, o número de assinaturas diminuiu bastante de lá para cá (houve épocas em que havia dez mil assinantes no Brasil inteiro), mas ainda é expressivo, levando-se em consideração o preço elevado dos livros e a falta de talento de uma boa parte dos autores. De fato, trata-se de um "milagre" comercial, somente possível graças à vontade inabalável que se espera dos membros da Obra e ao senso de organização de uma instituição que, segundo palavras do fundador, era uma "organização desorganizada"...

Com relação à qualidade dos livros vendidos, tenha-se em conta que Emérico da Gama contava com a ajuda inestimável de um excelente tradutor e revisor chamado Henrique Elfes, numerário paranaense que foi residir em São Paulo para trabalhar na Editora Quadrante. Apesar, no entanto, de todo o seu talento e determinação, o conteúdo dos livros é sofrível e passível de sérias críticas.

O plano de vida

Ora, se no âmbito da prelazia um empreendimento editorial adquire dimensões de missão espiritual, não poderá acontecer que os deveres espirituais, no mesmo sentido pragmático e demasiado humano que impera no Opus Dei, se tornem meios simplesmente humanos...?

O plano de vida espiritual do Opus Dei comporta diariamente duas meias horas de oração mental, cinco minutos de leitura do evangelho, dez minutos de leitura espiritual, reza do terço, missa, comunhão seguida de dez minutos de ação de graças, meditação dos mistérios do rosário, reza das preces da Obra, exames de consciência particular e geral, reza de três Ave-Marias com os braços em cruz pedindo a castidade antes de dormir, aspersão de água benta na cama para afastar as tentações do demônio contra a castidade etc. etc., além de tantos outros compromissos de periodicidade maior: todos os anos, o numerário deve participar de um retiro e de um curso anual; mensalmente, um dia de recolhimento etc. Toda essa aluvião de obrigações é orquestrada por alguns numerários que, semanalmente, se ocupam em atender, na direção espiritual (conversa fraterna), os membros do Opus Dei, inclusive os sacerdotes. Por curiosidade, fizemos as contas do tempo que esse plano de vida ocupa:

Norma	tempo/dia
oração diária	60 minutos
leituras	15 minutos
missa/ação de graças	45 minutos
terço	15 minutos
outras normas diárias e tertúlia	45 minutos
Total	3 horas diárias

Isso sem contar os 43 dias por ano de confinamento: 26 em curso anual; 7 em retiro; 10 em recolhimentos mensais – algo que podia ser compatível com um cristão corrente na década de 1940 na Espanha franquista; em 2005, numa cidade como, digamos, São Paulo, na qual se podem gastar outras três horas diárias em trânsito, é difícil evitar que o trabalho profissional seja prejudicado...

O fato de Josemaría Escrivá alegar ter recebido esse plano de vida diretamente de Deus e prometer santidade e salvação àqueles que cumprissem todas essas normas todos os dias, acaba gerando (passada a euforia dos primeiros meses) uma mentalidade burocrática e mesmo supersticiosa nos membros: em seu exame de consciência geral, feito à noite e que deve durar cerca de três minutos, eles têm que se perguntar se realizaram todas essas práticas e que fruto tiraram delas. Como o não-cumprimento de alguma delas, a mais insignificante, já estraga todo o tecido de santidade (somente o diretor pode, em raríssimos casos, dispensar do cumprimento de algumas delas; de outras, nunca...), esse plano de vida acaba gerando a mentalidade de que as normas agem *ex opere operato* – se são cumpridas, caminha-se para a santidade; se não, está se perdendo o tempo. Um plano de vida ou de... morte?

Uma consciência burocrática e supersticiosa: embora se afirme (muito raramente) que deixar de cumprir essas práticas de piedade não seja pecado, ao mesmo tempo se insiste muito em que é necessário cumpri-las todas todos os dias e que dificilmente deixaria de haver pecado nas razões pelas quais não se cumpriu uma delas. Em geral, o membro do Opus Dei não se examina sobre como viveu a caridade para com o próximo, mas se cumpriu – pouco importa se farisaicamente – todas e cada uma das normas do plano de vida. A mesma mentalidade supersticiosa dos fariseus...

O que queremos abordar aqui é a qualidade do cumprimento das normas de um numerário, em contraste com a quantidade. Pode-se afirmar, na Obra, que a quantidade no cumprimento dessas normas de vida leva necessariamente à santidade. Mas o essencial fica esquecido e opera-se uma terrível distorção: as normas de vida de um numerário, de um adscrito, de um supernumerário, acabam tendo a finalidade de dar glória à própria Obra e não a Deus.

A Obra é um empreendimento pragmático, calculista, calcado no planejamento, sem sentimentalismos, e seus membros não consideram estranho quantificar a santidade como, por exemplo, verificando quantos salários mínimos de doação um bom numerário consegue nas campanhas econômicas; quantas assinaturas do Círculo de Leitura consegue nas campanhas da Editora Quadrante; quantas pessoas consegue trazer ao Recolhimento Mensal e à meditação semanal; quantos exemplares de *Caminho* consegue vender; com quantas pessoas falou da devoção a são Josemaría Escrivá; quantas pessoas consegue levar ao retiro; quantos amigos seus foram conversar com o sacerdote do centro; quantos casais amigos do bom supernumerário matricularam seus filhos no Colégio Catamarã etc. Ou seja, tudo está voltado para o benefício da própria Obra, que se utiliza de Deus para vender e fazer propaganda de seus produtos de mercado. E contabilizar é preciso!

Para ilustrarmos esse pragmatismo da Obra a favor de seu próprio desenvolvimento, podemos citar como exemplo um fato ocorrido no começo da década de 1990. Nessa época, foi lançado o Novo Catecismo da Igreja Católica, e a Editora Quadrante resolveu fazer uma grande importação de livros de Portugal (era uma edição de capa verde) para vendê-los no Brasil. Os numerários, como sempre, tornaram-se os principais vendedores da referida obra. O "pormenor" interessante é que, como os diretores da Obra no Brasil não sabiam que iria sair a edição brasileira, mandaram vir uma "caravela" carregada de catecismos. Ora, quando o carregamento chegou, acabara de sair a edição brasileira... E, a partir daí, a Obra começou a difundir interinamente, para animar a equipe de "vendedores", a insinuação de que a edição brasileira não era lá tão boa quanto a portuguesa... até que acabasse o estoque vindo de Portugal. Depois disso, meses depois, já começaram a vender normalmente a edição brasileira...

Mas, além do pragmatismo próprio da instituição, que leva pessoas tão dedicadas à oração a, apesar disso, contar tantas "pequenas mentiras piedosas"... ressaltemos de novo a presença da mentalidade de ser os "faróis acesos" diante de Deus! Tudo na Obra é o melhor, porque convém que o seja! Se o colégio não for patrocinado (oficial ou oficiosamente) pela Obra, se não for o Catamarã, então é um colégio ruim. Colégio que não tenha educação religiosa como no Catamarã é colégio pagão, materialista e hedonista. Colégio que for de padres, diferentemente do Catamarã, é colégio clerical e de beatos açucarados. Só o Colégio Catamarã é o melhor... mas é o melhor porque é o atual "catamoleques" para a instituição! Editora Quadrante, Colégio Catamarã, Escola da Pedreira, centros culturais (que de culturais cada vez mais pouco têm...), tudo na Obra é melhor!

Voltando à questão das normas de vida: a obsessão pela quantidade de metas, de conquistas numéricas, dá a impressão de que o membro da Obra, em especial o numerário, vive em profunda união com Deus... coisa que só a Deus cabe julgar... Agora, que todo esse plano de vida leva a uma profunda união com o Opus Dei como empreendimento material, isso é líquido e certo.

Um depoimento no *site* Opuslivre é ilustrativo a respeito do plano de vida:

"Pareceram-me muito acertados dois estudos deste criterioso *site*, dos quais citarei um par de parágrafos:

1. 'Obsessões do Opus Dei', no qual se fala da consciência mágica, supersticiosa, à qual, na prática, conduz a espiritualidade da Obra, centrada naquele conjunto de normas de piedade do plano de vida [...].
2. 'Opus Dei: Organização de resultados - marketing e realidade'

Em 1980, João Paulo II, recém-entronizado, vem de visita ao Brasil. Como, segundo o fundador, 'en el Opus Dei no hay plaza de tontos', veio de Roma a ordem: impressionar o papa, fazê-lo pensar que o Opus Dei está presente e ativo em todo o Brasil e assim tapar a boca dos críticos. E começa no Opus Dei do Brasil (modestamente presente, na época, apenas em São Paulo, Rio de Janeiro, Curitiba e em um par de cidades do interior paulista) uma autêntica operação de guerra: mobilizam-se praticamente todos os membros, não se deixam de fora nem os supernumerários e os cooperadores. Nos centros, formavam-se equipes para pintar, madrugada adentro, faixas e cartazes com os 'códigos' opusdeísticos já conhecidos do papa ('Univ'[4], 'Univ, viva o Papa', 'Univ, totus tuus' [Univ, todo teu]...). A idéia era a de aparecer na mídia e fazer o papa ver a onipresença do Opus Dei: era muitíssimo valorizado, por exemplo, furar a segurança e conseguir dizer ao papa: 'Santo Padre, eu sou do Opus Dei'.

Eu chefiei a parte Brasília dessa operação para impressionar João Paulo II e me lembro de alguns aspectos significativos. O papa chegou a Brasília e, após o beijo no chão e as saudações de praxe no aeroporto, foi celebrar a missa numa área enorme, reservada para esse fim.

Dias depois, um alto diretor nacional da Obra felicitou-nos entusiasmadamente porque tínhamos conseguido que saíssem nas tevês de todo o mundo aquelas letras enormes de um metro quadrado: 'UNIV-TOTUS TUUS'.

Na homilia (belíssima, lembro-me dela até hoje), o papa falou do Brasil como Terra de Santa Cruz e que o essencial para o cristão é a cruz de Cristo. Bem, acabada a missa (e cumprida a missão de fazer o Opus Dei aparecer), tínhamos que ir, sem demora, ao Palácio da Alvorada porque o papa havia ido para lá para uma recepção aos políticos. Eu, como diretor, reuni o grupo de numerários e rapazes simpatizantes (ao todo umas sessenta pessoas talvez) e disse: 'Gente, vamos ao Palácio da Alvorada'. E tive que ouvir como resposta: 'Ei, não fizemos a oração da tarde!'. A oração da tarde dura trinta minutos e deve ser precedida do 'pelo sinal-da-santa-cruz...' e de uma breve oração preparatória: 'Meu Senhor e meu Deus, creio firmemente que estás aqui etc.'. Eu, que na verdade, nunca deixei o 'espírito da Obra' eliminar completamente o bom senso, respondi meio enfurecido: 'Roberto (era o líder dos revoltosos contra mim), a homilia do cara de branco que falou lá sobre a cruz de Cristo não serve para a sua oração? O que o papa falou não valeu como oração???!!!'. E ele: 'Não, ele não rezou a oração preparatória!!!'. Roberto, filho de um supernumerário famoso, hoje é um dos tantos numerários que está imprestável por distúrbios mentais e não consegue trabalhar (vítima dos escrúpulos terríveis que lhe foram inculcados). Parece mentira, mas é verdade! [...]

Mas voltemos à homilia de João Paulo II em Brasília. Anos depois, ela serviu-me como a chave para a real interpretação do Opus Dei. Em perfeito português, João Paulo II ia dizendo:

> Símbolo da fé, a cruz é também o símbolo do sofrimento que leva à glória, da paixão que conduz à ressurreição. 'Per crucem ad lucem' [pela cruz chegar à luz]: esse ditado profundamente evangélico nos diz que, vivida na sua verdadeira significação, a cruz do cristão é sempre uma cruz pascal. [...]

Diante da cruz, duas atitudes revelam-se possíveis, ambas perigosas. A primeira consiste em procurar na cruz o que nela é oprimente e penoso a ponto de deleitar-se na dor e no sofrimento como se estes tivessem valor em si mesmos. A segunda atitude é a de quem, talvez por reação à precedente, recusa a cruz e sucumbe à mística do hedonismo ou da glória, do prazer ou do poder.

Um grande autor espiritual, Fulton Sheen, falava, a esse propósito, daqueles que aderem a uma cruz sem Cristo, em oposição aos que parecem querer um Cristo sem cruz. Ora, o cristão sabe que o Redentor do homem é um Cristo na cruz e, portanto, só é redentora a cruz com Cristo!

Se se perguntar hoje a um membro do Opus o que é o 'Cristo sem cruz', ele provavelmente pensará em alguma liturgia carismática ('Erguei as mãos e dai glória a Deus...'), naquele 'cristianismo' inautêntico dos outros, dos que não são da Obra, dos cristãos mornos da paróquia, no cristianismo sentimental etc. Mas, se perguntarmos onde está hoje o outro perigo, o da 'cruz sem Cristo', ele não saberá responder. E é que está no próprio Opus Dei" (*J. L.*).

O Colégio Catamarã

O Colégio Catamarã é uma escola administrada por pessoas ligadas ao Opus Dei em São Paulo. Funciona em duas sedes independentes, para evitar a co-educação dos sexos. É vontade mais ou menos velada dos dirigentes da Obra (e por vezes isso é dito claramente) que todos os supernumerários em São Paulo matriculem seus filhos nesse colégio... sob pena de não serem fiéis à sua vocação.

Diante disso, uma questão se coloca: o Catamarã é uma iniciativa da Obra? A resposta é um veemente não: trata-se de iniciativa particular. Mas... nesse caso, por que há tantos numerários envolvidos nesse colégio? E por que os cooperadores são convocados a colaborar com ele?

A resposta mais provável, depois de tudo o que aprendemos com os procedimentos da Obra, é que o Colégio Catamarã tem uma finalidade que o transcende e, em suma, justifica o emprego de todos os meios, de grandes ou pequenas mentiras, de pequenas ou grandes chantagens emocionais ou espirituais. Trata-se de criar um celeiro de vocações.

O tema é confuso mesmo, e a Obra mantém o estado de confusão como uma forma de abrir brechas para sempre obter o que quiser e escapar das críticas quando convier. O Colégio Catamarã, que até um dado momento foi apenas uma iniciativa isolada de alguns pais amigos do Opus Dei, de repente se torna um colégio da Obra sem, no entanto, ser exatamente um colégio da Obra... Provavelmente não possui a garantia formal da prelazia a respeito da formação que ali se oferece, mas tal formação está impregnada da doutrina do Opus Dei, sob orientação de supernumerários e numerários escolhidos a dedo para "tocarem" o negócio. Embora a Obra não esteja totalmente envolvida, seu governo regional apóia totalmente a iniciativa e "convida" (cada um entenda como quiser) muitos de seus membros para atuar nela, com ela colaborar e nela investir tempo e dinheiro.

Os argumentos para defender a excelência do Colégio Catamarã vão na linha da condenação, explícita ou insinuada, do modelo de ensino das escolas em geral. Opõe-se a disciplina do Catamarã à falta de educação reinante no ambiente das escolas públicas ou particulares. Há uma ênfase em palavras sérias como *responsabilidade*, *autoridade*, *organização*, mas também se faz um discurso "moderno", em que se apela para "a educação personalizada, completa e coerente", "o êxito na escolaridade futura", a "auto-estima", "atitudes positivas", "cordialidade, afeto e respeito", "ser protagonistas da sua própria aprendizagem", "autonomia pessoal", "saber trabalhar em equipe"... Todo esse vocabulário oculta a finalidade precípua deste empreendimento educativo:

conquistar membros para a Obra. A brincadeira entre os numerários é a de que "Catamarã" é um "cata-moleques" da Obra. E, embora todos os membros da Obra façam campanhas para conseguir alunos, empenhando-se em convencer os outros a matricular seus filhos, curiosamente, já existem supernumerários que fazem propaganda do Catamarã, mas não querem nem de longe ver seus próprios filhos lá...!

Outro "detalhe" que a Obra pede que não se enfatize é o que diz respeito à separação de meninos e meninas em sedes diferentes (informação fornecida como de passagem, somente depois de explicar que o Catamarã tem uma pedagogia especial, personalista e integral, elaborada pelo grande pedagogo espanhol Victor García Hoz etc.).

Antes de prosseguirmos, vale a pena abrir um parêntese. Convém lembrar que Victor García Hoz é um pedagogo conhecido unicamente por ser o ideólogo dos colégios do Opus Dei e por ter se prestado ao papel de capacho do então ditador Francisco Franco, encarregado por este de perseguir, da maneira mais vergonhosa, intelectuais do porte de um Julián Marías. A história desse triste papel desempenhado por García Hoz encontra-se nas *Memórias*, de Julián Marías. Tenha-se em conta também que, na mesma época em que Josemaría Escrivá escolhia Victor García Hoz para ser o primeiro supernumerário da Obra, Franco o escolhia para essas vergonhosas missões[5]... Mas voltemos a este "fenômeno pedagógico", o Colégio Catamarã – Sociedade Familiar de Educação.

Os que estão à frente do Catamarã apresentam seu revolucionário projeto "educativo", defendendo que a grande inovação é a separação de meninos e meninas, tida e havida como a mais recente fórmula pedagógica de sucesso na Europa e nos Estados Unidos. Assim, na seção "Formação de pais" do *site* do Catamarã, apresentam-se quatro textos sobre educação para a reflexão dos pais, indicando as respectivas fontes[6]. Estranhamente, porém, o artigo decisivo, o que fala das maravilhas da educação separada de rapazes e moças, desse não vem indicada a fonte. Por que será? O que o Colégio Catamarã teria a esconder? A resposta é que a fonte do artigo "Colégios para meninos, sem a pressão para serem 'machos'", que recomenda a educação separada de meninos e meninas, é simplesmente o boletim *Aceprensa*[7], do próprio Opus Dei.

"Pobre educação brasileira...", pensam os membros da Obra. Além de todas as conhecidas mazelas, ainda por cima está na contramão da ciência, mantendo em todos os seus colégios classes mistas... A única exceção nacional é, claro, o nosso insuperável Colégio Catamarã, exemplo seguido pelo colégio dos Arautos do Evangelho[8], ramo que brotou da implosão da Tradição Família Propriedade (TFP)... E por falar em TFP, pelo menos dois dos professores do Catamarã, hoje supernumerários do Opus Dei, foram antes membros formados pela TFP: Anselmo Lázaro Branco e Evandro Faustino[9]. O Colégio Catamarã, contudo, não só não divulga que esses seus professores foram formados pela TFP, mas reza para que ninguém o saiba.

O adágio "a vida faz a norma e não a norma a vida" é diariamente pisoteado pela Obra e o é, sob a aparência de uma preocupação educacional profunda, no Colégio Catamarã. Separar os meninos das meninas não faz parte da vida, mas das normas impostas pela Obra. Como vários dos seus professores são numerários, que pelas regras internas da prelazia devem evitar a todo o custo o contato com o sexo oposto, convém que essa separação ocorra dentro do colégio. Além disso, ao separar meninos de meninas desde cedo, torna-se bem mais fácil induzir neles a crise vocacional que os tornará celibatários.

Esse "plano pedagógico" oculto é a única explicação para separar meninos e meninas. Qualquer outra justificativa é farsa intelectual. O modo de vida do Opus Dei é que gerou a separação e não a bem-elaborada "regra" pedagógica.

V

O FUTURO DO OPUS DEI

O passado e um possível futuro

O Opus Dei não chegou a se tornar a entidade que é sem um esforço continuado para manter-se, para legitimar-se dentro da Igreja, para fazer milhares de pessoas pensarem que tudo é divino na Obra. Evidentemente, ninguém imagina que uma instituição neste mundo seja impecável, mas também ninguém imagina que uma instituição, mesmo se considerando inspirada por Deus, possa querer invadir tão radicalmente a vida de uma pessoa e assenhorear-se de tudo!

Para efeitos externos, as palavras de dom Rafael Llano Cifuentes no jornal *O Globo*, em 17 de maio de 1992 (então bispo auxiliar no Rio de Janeiro), apresentando o espírito do Opus Dei, são atraentes e convincentes. Estão carregadas de bom senso e de sentido sobrenatural:

> É exatamente isto que são os membros do Opus Dei, aquilo que Deus – através da eleição e do carisma peculiar concedido ao fundador – quis que fossem: cristãos comuns, "sem outro apelativo". Não o que se costuma chamar, numa linguagem de certo matiz clerical, "leigos engajados", "leigos comprometidos" etc., mas simples féis, cidadãos católi-

cos, diocesanos das suas respectivas dioceses e ao mesmo tempo vinculados à prelazia do Opus Dei, que lhes proporciona a formação adequada para procurarem a plenitude da vida cristã através do seu trabalho profissional e no cumprimento dos seus demais deveres quotidianos, e para realizarem o apostolado no seu próprio meio familiar, profissional e social, e não em outros lugares e tarefas justapostas.

Que católico, com um mínimo de boa vontade, não verá nessa proposta uma opção possível e razoável para a sua vida interior, para a sua inserção mais empenhada na estrutura da Igreja, a fim de realizar generosos desejos de santidade e apostolado, tal como os primeiros cristãos?

Assim foi no passado; e é assim que, no presente, o Opus Dei continua a se apresentar oficialmente. E continua a atrair e convencer. Contudo, a mentira tem pernas curtas, como diz a sabedoria popular. Mais e mais membros da Obra, em particular numerários, abandonam a instituição profundamente decepcionados com a invasão bárbara que a prelazia opera na alma e na existência de uma pessoa. Trazem verdades não muito agradáveis de ouvir. Os testemunhos se multiplicam.

Por quanto tempo episódios como os que relatamos neste livro permanecerão ocultos? Por quanto tempo a Igreja Católica manter-se-á aparentemente surda a reclamações de ex-membros da Obra que, por acreditarem na autoridade divina da Igreja, acreditaram na proposta espiritual do Opus Dei? Até quando os bispos que acolheram a Obra em suas dioceses se satisfarão em ouvir explicações pasteurizadas e não o apelo concreto, e tantas vezes doloroso, dos seus fiéis, pessoas que se sentiram defraudadas depois de um contato mais profundo com a estrutura interna, com o "funcionamento" efetivo da prelazia?

Dentre os possíveis futuros, vislumbramos que o Opus Dei poderá minguar-se por conta própria. Segundo essa hipótese, não há necessidade de denunciar a Obra, mesmo porque, em vista da situação jurídica atingida pela instituição dentro da Igreja, pouca ou nenhuma mudança será cobrada da prelazia, não obstante as situações dantescas como as que vivem os membros da Obra, muitos deles sem liberdade de pensamento e de ação.

O máximo que poderemos fazer, nesse caso, será recolher os feridos da existência, consolar os que saem da Obra... e esperar. O atual prelado, dom Javier Echevarría, que passou a vida ao lado do fundador e do seu primeiro sucessor, e que, como o definiu Álvaro del Portillo, possui uma "memoria de hierro", justificativa suplementar para a sua eleição, pois poderá perpetuar os mandatos dos primeiros setenta anos de vida do Opus Dei, homem que nunca saiu do ambiente rarefeito de dentro dos muros de Bruno Buozzi (endereço do governo central da Obra em Roma) – dom Javier não quer e não pode alterar nada, não irá oferecer aos seus "filhos" a chance de se sentirem livres, amados e valorizados.

E exatamente por isso, por sua inflexibilidade e frieza, o Opus Dei vem agonizando de modo imperceptível desde meados da década de 1980, não obstante as vitórias institucionais que obteve ao longo do pontificado de João Paulo II e da influência eclesiástica que hoje exerce. Sua estreiteza sufocará aos poucos a própria instituição, que, no entanto, poderá agarrar-se à rocha da Igreja e nela definhar durante as próximas décadas, sendo substituída por outros movimentos católicos que sirvam como propostas pastorais mais abertas à realidade dos católicos do século XXI.

Até a década de 1970, milhares de pessoas fomos atraídas pelo grande ideal da santidade no meio do mundo, tal como a Obra o apresentava, surgindo como uma forma nova de renovar a sociedade e a própria Igreja. A Obra surgia como uma família de vínculos sobrenaturais, com clareza de princípios. A captação foi arrebatadora, numerários, adscritos e supernumerários deram sua vida por amor a um ideal nobre, imaginando participar do empreendimento revolucionário... pelo menos no tempo de Josemaría Escrivá.

Segundo a lenda... o Opus Dei foi, nos seus inícios, uma instituição aberta, flexível, dotada de vigor inusitado. Mas... as almas escapam por entre os dedos de Escrivá, o mundo entre as duas grandes guerras (e a Espanha da Guerra Civil) era demasiado convulso. Por isso Escrivá optou por um *iter* jurídico que desse à Obra uma estabilidade total, uma configuração inabalável, com uma legislação minuciosa sobre o modo de vida de seus membros e de sua presença na Igreja e no mundo. E essa legislação foi se ampliando, ou inchando... Com o passar dos anos, surgiram na Obra leis para preservar os membros dos perigos das diferentes correntes ideológicas e da influência de comportamentos "mundanos" que pudessem pôr em risco a unidade pétrea desejada para o Opus Dei. Uma legislação tão estrita e tão detalhada que já asfixiou e asfixia milhares de pessoas.

Para efeitos de propaganda, a Obra se apresenta como uma realidade generosa, uma família amorosa, um grupo de católicos, um tanto radicais, é verdade, mas apaixonados pelo mundo e preocupados única e exclusivamente em servir a Igreja. No entanto, assim que um membro da Obra se vê acolhido (ou colhido...) pela instituição, sente o cerco se apertar. Descobre, por exemplo, que há uma férrea proibição interna às chamadas "amizades particulares", o que provoca uma fraternidade educada mas carente de verdadeiro carinho. Um coração apaixonado por Deus já não pode amar de verdade dentro da Obra. A faceta "caserna" se sobrepõe à "família" inicialmente apresentada.

A Obra está em decadência, não por falta de nomeações para bispos ou outras demonstrações de apreço por parte da estrutura eclesiástica. O fato de o numerário Joaquín Navarro-Valls ser o porta-voz da Santa Sé desde o pontificado de João Paulo II sempre foi motivo de um discreto orgulho da instituição. "Nós falamos em nome do papa..." Não, a Obra está em decadência porque não se pode amar de verdade lá dentro. Porque há medo de que qualquer coisa ponha em risco a unidade e a sobrevivência da prelazia. E, assim, o trato entre as pessoas, limitado, vigiado, torna-se insuportável. Dom Álvaro del Portillo costumava dizer, com a autoridade de quase um co-fundador do Opus Dei, que "a

Obra é o melhor lugar para viver, para morrer e para ficar doente". E em parte tinha razão: o melhor lugar para morrer, pela quantidade de missas que rezarão depois da morte de um membro!

Nesse cenário, a solução histórica está dada. Basta deixar o tempo passar. Já está se tornando muito difícil para o Opus Dei "vender" seu produto. E por isso o trabalho de *endomarketing* aumentou, estimulando-se os supernumerários a terem mais filhos e orientarem desde cedo suas crianças para o redil do Opus Dei, a fim de que se tornem os futuros numerários ou supernumerários.

Outros possíveis futuros para a instituição

Um possível futuro com relação ao Opus Dei é que as denúncias e testemunhos, sobretudo no mundo hispânico e latino-americano, acompanhados por outros, provenientes dos Estados Unidos e países da Europa, se multiplicarão via internet. E chegarão, dentro de alguns anos, a se tornar um fato inconteste, capaz de provocar uma situação delicada para a Igreja.

Outro possível futuro é que a Obra prossiga por muitos anos em seu caminho, continue crescendo lentamente, descartando membros e novos membros incorporando, influenciando na formação do clero, exercendo forte influxo na estrutura da Igreja, por meio de sua "espiritualidade". Nesse cenário, partindo das considerações de João Batista Libanio em seu livro *Cenários da Igreja*[1], a Obra fará parte de uma tendência eclesiástica possível, que é a de enfatizar o lado institucional, em detrimento de outras dimensões, como a carismática, a da pregação e a da práxis libertadora.

A figura de são Josemaría Escrivá, nesse caso, dotada de forte poder sobre seus adeptos, promoverá, como uma conseqüência natural, o desprezo por tudo aquilo que não é santo. O materialismo condenado, mas em tom apocalíptico. O comprometimento radical dos membros da Obra servirá de exemplo de coerência cristã. Não importa, aliás, que a Obra controle todos os aspectos da vida de um membro seu. Esse caráter de totalidade será admirado pelos que não têm "vocação" e visto como solução pastoral. Curiosamente, muitos jovens continuarão aderindo à instituição, em busca de uma força mobilizadora que lhes ofereça parâmetros seguros de conduta em meio a uma sociedade encarada como insegura, sem critérios, desagregadora. E, se um ou outro elemento do clero ou do laicato criticar a Obra, ela sempre tenderá a desconhecer essa crítica "desafinada", confiante no apoio e na aprovação das instâncias mais altas da hierarquia da Igreja.

A plausibilidade dessa possibilidade tem um de seus mais fortes "colaboradores" nas próprias pessoas que se aproximam da Obra, nela ingressam e por vezes nela permanecem durante muitos anos, necessitadas que estão de contornos existenciais objetivos, estáveis, até mesmo rígidos e intolerantes. São pessoas que preferem a sensação de estar comprimidas e limitadas a terem de enfrentar o "mundo" sem a garantia de que sua conduta é boa. Carecem da aprovação de autoridades espirituais para se sentirem no "bom caminho". Precisam de uma instituição forte, mesmo que essa força se traduza em modos inflexíveis de ver o mundo e julgamentos fulminantes, em contraste com um cristianismo tido por demasiadamente "terreno".

Um outro futuro possível, extremamente otimista, aponta para uma reforma interna da própria Obra. Ciente dos erros cometidos, liderada por um prelado revolucionário (que, além de memória de ferro, deverá possuir inteligência de ouro e imaginação de fogo...), com o apoio dos diretores e diretoras da Obra, a prelazia dará um giro de 180 graus. Apesar de alguns focos de resistência dentro de seus quadros (que poderão se desdobrar na criação de outras instituições, fora da Obra, com a intenção de "resgatar" o verdadeiro carisma fundacional...), o Opus Dei realizará uma profunda e corajosa revisão de seus métodos de apostolado.

Quantos membros da Obra já têm esse cenário em seu coração? É difícil saber, mas muitos dos que não abandonaram a instituição talvez não o tenham feito por acreditarem que ainda há uma forma de corrigir os erros e salvar o essencialmente bom. Baseiam-se, provavelmente, na existência de algumas pessoas isoladas, alguns sacerdotes, alguns numerários, alguns supernumerários... cuja conduta realmente santa e sensata comprova, por A mais B, que o espírito da Obra, tal como é difundido, é realizável, dando-se por evidente (como ocorre na imensa maioria das vezes) que o conteúdo da propaganda não corresponde àquilo que se vive de fato.

As críticas dos ex-membros atuarão como uma forte chamada à humildade institucional, mas, nesse cenário, será a Obra ela mesma a fazer seu exame de consciência coletivo, acionando mecanismos internos para a reforma endógena da própria prelazia. Há canais internos próprios para uma autocrítica construtiva, ainda que isso implique "destruir" alguns hábitos institucionais arraigados e até mesmo regras e normas estabelecidas pelo fundador.

Não queremos, trazendo à baila essa possibilidade, relativizar a urgência de uma atitude que a Igreja e nós mesmos, cristãos ou não-cristãos, devemos tomar diante dos desmandos da Obra na vida das pessoas reais que nos rodeiam. Afirmar que a Obra pode reformar-se por conta própria não significa aceitar que ela o faça com a profundidade que ela quiser e no tempo que ela decidir. O problema é que os que têm "bom espírito", os que foram formados pela Obra e ocupam cargos de decisão, costumam ser numerários com menos visão crítica. Não haveria imobilismo, como hoje, mas a lentidão do processo de reforma perpetuaria um estado de coisas lamentável.

O imperativo da fidelidade absoluta a tudo o que Josemaría Escrivá dispôs, selado por uma maldição lançada por Álvaro del Portillo contra quem tentasse ferir a integridade da mensagem fundacional, continuará ressoando na consciência daqueles que, pela pressão dos fatos, decidirem iniciar uma reforma cabal, em busca de resultados tangíveis. Daí, talvez, que além da "vontade política" interna, a própria Obra peça ajuda à responsabilidade supervisora da Igreja, a fim de rever a práxis institucional da prelazia sem perder a legitimidade canônica conquistada definitivamente na década de 1980.

Haverá, assim, uma correção de rumo, procurando-se "salvar" aquilo que na mensagem da Obra seria realmente de inspiração divina e rechaçar aplicações práticas que não pertenceriam a um suposto "núcleo" fundacional. Ou, também, será a chance de ver até onde as intenções louváveis foram esquecidas por corações impuros e, num *mea culpa* extraordinário, virão a público para pedir perdão e, de modo claro, apontar o que será realmente feito para uma reforma significativa do Opus Dei.

Evidentemente, essa mudança radical exigirá maturidade e independência por parte dos próprios membros da Obra. Uma conversão, enfim, que fará, por exemplo, trazer à tona, doa a quem doer, a falta de transparência financeira em tantas atividades "apostólicas", o modo como se abusa da inocência ou ingenuidade de jovens e adolescentes à hora de propor-lhes uma "vocação" que implica sérios compromissos por toda a vida, a administração de remédios (e até tratamento de choques elétricos) a pessoas que entram em crise por conta de exigências de "entrega" desumanas e a forma como são massacrados e humilhados os que começam um processo de saída da instituição.

Sobre esse último ponto, que nos interessa vivamente como ex-membros que somos, é necessário, com reforma ou sem reforma, fazer algumas considerações.

Desde o momento em que começamos a colher testemunhos e depoimentos, pensando em escrever uma obra que esclarecesse o que é a Obra, encontramo-nos com muitos ex-membros, mas também com numerários que continuam pertencendo ao Opus Dei. Um desses últimos procurou-nos em meados de 2004. Pensativo, tristonho, contou-nos que nos últimos anos a "linha dura dentro" da Obra (pelo menos no Brasil, segundo a sua visão) ganhara força. Mais do que nunca os numerários estavam sendo controlados, mais do que nunca a internet era vista como uma "infernet" e mais do que nunca estava proibido o contato com ex-membros da Obra, sobretudo com aqueles cujas vidas provassem que existe vida depois dela.

Ora, sabemos que, dentro do Opus Dei, a idéia que se difunde nos meios de formação a que os membros são submetidos com intensidade (palestras, círculos, leituras, meditações, conversas individuais etc.) é a de que o ex-numerário vive acabrunhado, se arrastando pelas ruas sem rumo e sem amor, arrependido de ter traído a Deus, a Igreja e a vocação.

Assim como os jovens que se aproximam dos centros da Obra sentem um atrativo muito grande por conhecer o *modus vivendi* dos numerários (o que fazem, sobre o que conversam, a que lugares vão durante as férias, como se alimentam, como suportam o cilício e as disciplinas, do que estão rindo tanto etc.), assim também, na mente de alguns numerários, surgem certas perguntas: Como será que um ex-numerário vive em seu inferno particular? Como será o seu *modus sobrevivendi*? Como suportará viver longe da Obra? Como se relacionará com as mulheres? O que dirá aos familiares e amigos que tratou ou destratou? Deverá continuar contribuindo economicante com a Obra para provar que, afinal de contas, não é um mau rapaz ou uma moça perdida...?

As respostas oficiais, ou melhor, os comentários oficiais e reticentes sobre o que terá acontecido com fulano ou sicrano que saiu da Obra são variados, com diferentes graus de enigma ou condescendência no tom de voz: "Teve problemas..."; "Uma mulher..."; "Mas continua em contato..."; "O espírito crítico..."; "Poderá voltar como cooperador um dia..."; "Parece que não tinha vocação..."; "Tem um grande carinho pela Obra...".

O numerário R. que nos procurou (e depois foi proibido de voltar a fazê-lo, sob pena de ser expulso) queria apenas saber a verdade. Queria saber se um ex-membro é um infeliz, casado com uma bruxa rabugenta, se realmente perdeu a fé em Deus. Queria sentir o grau de amargura desse ex-membro, ver com os próprios olhos se se tornou uma pessoa ressentida, carregando a cruz da falta de lealdade... E o que viu foram pessoas normais, com defeitos e qualidades, felizes por poderem andar com os próprios pés, pessoas que precisaram passar muitos anos dentro da Obra e mais alguns fora dela para que começassem a se dar conta do grau de alienação a que haviam chegado quando abdicaram da direção de sua vida em favor dos direitos do Opus Dei.

Vale a pena processar?

Diante dos abusos que este livro mal começa a apresentar, por parte de uma instituição que se diz católica, mas, ao menos no nível da hipótese, parece causar prejuízos reais a pessoas concretas (digamos, ainda em benefício da prelazia... em supostos casos isolados), alguém poderia perguntar por que os ex-membros não processam o Opus Dei ou os diretores que o representam. A pergunta não deixa de fazer sentido. Se há pessoas que alegam terem sofrido danos por parte da instituição Opus Dei, por que não mover um processo, por que não tomar as medidas legais cabíveis?

Curiosamente, muitos ex-membros ainda vivem numa inexplicável passividade com relação à Obra. Embora se sintam prejudicados, sentem também uma espécie de reverência pela instituição, ou apreço (e até gratidão) por alguns bens que dela receberam. Há ex-membros nostálgicos, que, mesmo tendo perdido anos de sua juventude dentro da instituição, relembram com saudade de certas tertúlias... de certos dias de retiro... de certas pessoas...

A rigor, porém, cabe-nos, pelo menos num primeiro momento, elencar um sem-número de injustiças e pensar na possibilidade de pessoas testemunharem em juízo, e talvez até mesmo perante as legítimas instâncias da Igreja Católica.

Há casos (passíveis de indenizações) de filhos (vários deles menores de idade) que ingressaram na Obra sem o consentimento dos pais, desestabilizando famílias cristãs por meio da mentira; há casos de maridos ou de esposas que entraram para o Opus Dei sem comunicar previamente ao seu cônjuge, provocando desarmonia familiar por conta das exigências da prelazia que interferem na vida íntima do casal; há casos de pessoas que até hoje precisam receber cuidados psicológicos e psiquiátricos por conta das violentas manipulações que sofreram dentro da instituição; há casos de membros da instituição que tiveram sua correspondência sistematicamente violada, prática contínua do Opus Dei; há casos de mulheres que recebem tratamento discriminatório e humilhante dentro da instituição; há casos de pessoas cuja liberdade de ir e vir passou a depender da vontade de terceiros; há casos de pessoas às quais foram receitados antidepressivos e hipnóticos sem necessidade, o que pode gerar sérios problemas para os médicos ligados à instituição; há casos de pessoas cuja vida pessoal foi devassada com vistas à manipulação da consciência e da conduta; há casos de pessoas cujo computador pessoal foi invadido e vistoriado sem o consentimento dos interessados; há casos de pessoas cujo trabalho intelectual sofreu apropriação inadequada e foi assinado por terceiros ou não recebeu a devida remuneração de direitos autorais; há casos de pessoas que, ao saírem do Opus Dei, além de terem sido seriamente coagidas a não fazê-lo, viram depois sua moral e boa fama atingidas, pois a Obra difunde, entre os seus membros e colaboradores, a idéia de que os que saem são "traidores" e "infiéis"... enfim, há até o caso de um sacerdote que, após longos anos de sofrimento psíquico causado pelas atitudes opressivas e autoritárias da alta direção do Opus Dei no Brasil, tentou o suicídio, caso que foi abafado por médicos ligados ao Opus Dei.

Essa lista parece fruto da loucura dos autores! O modo como o Opus Dei se apresenta é sempre tão conforme o bom senso e os bons costumes, tão próprio de uma instituição baseada nos princípios da fé e da moral cristãs, que essas acusações simplesmente podem voltar-se contra os acusadores...

No entanto, são acusações verdadeiras; necessitam, porém, de que os ex-membros saiam da inércia em que se encontram e possam apresentar provas e argumentos. Essa inércia se explica. É tão profundo o processo de adesão mental e espiritual ao Opus Dei, que, mesmo tendo sido gravemente prejudicados, os membros que saem da prelazia podem continuar acreditando que eles, enquanto "membros relapsos", é que não souberam corresponder à graça de Deus, à graça da vocação. Como poderiam eles, os que disseram não a Deus, acusar a instituição divina?

É estarrecedor como, durante muitos anos, centenas e centenas de ex-membros da Obra carregaram solitária e silenciosamente a impressão de que tinham sido eles os grandes culpados da história. No momento, porém, em que surgiu o *site* espanhol Opuslibros, em dezembro de 2002 (sem mencionar The Opus Dei Awareness Network, Inc., ODAN, fundada cerca de dez anos antes, em 1991), outras iniciativas semelhantes surgiram na Áustria, no Brasil, na Itália, provocando um inesperado despertar de consciências.

Com acertos e erros, às apalpadelas, os ex-membros (sobretudo os espanhóis, italianos, argentinos, norte-americanos, mexicanos e brasileiros) descobriram um aspecto do fenômeno Opus Dei até então praticamente ignorado e do qual a prelazia tirava proveito. Qual seja: os motivos pelos quais um membro da Obra deixava de pertencer à instituição coincidiam em muitos pontos, mas estavam soterrados numa montanha de culpa, dentro do coração de milhares desses ex-membros. Tal "coincidência" trouxe à tona a hipótese, hoje cada vez mais confirmada, de que não se tratava de um problema isolado de uma pessoa específica com a instituição, de um deslize individual por parte de um ex-membro, ou de um procedimento errado por parte de um único diretor...

Os ex-membros descobriram que o problema estava na instituição em si. Talvez devêssemos, todos nós que nos sentimos prejudicados pelo Opus Dei, pleitear judicialmente a devida indenização. A abertura de um processo precisaria ser objeto de um estudo mais aprofundado, obviamente. Diversos aspectos da prática do Opus Dei contrariam flagrantemente dispositivos legais de países onde a instituição está presente.

Para ficarmos em um exemplo de menos importância, na violação de direitos, consideremos uma prática habitual no Opus Dei que é a de os diretores violarem as correspondências fechadas dirigidas aos numerários. Tal prática é tão corriqueira que qualquer numerário ou ex-numerário poderá confirmar que viu esse fato acontecer, ou mesmo foi protagonista, como diretor ou simples numerário. O fato é este: todos os que pertenceram à "classe" de numerários dessa instituição tiveram suas correspondências abertas e lidas pelo seu diretor (ou diretora), antes de as receberem em suas mãos.

Seja como for, trata-se de crime, conforme o Código Penal Brasileiro: "Art. 151 - Devassar indevidamente o conteúdo de correspondência fechada, dirigida a outrem. Pena: detenção, de um a seis meses, ou multa".

Com a violação de correspondência invade-se a intimidade e a liberdade individual. O argumento de que os violadores possuem o "consentimento" por parte dos destinatários da carta pode trazer à luz outros problemas. Como uma instituição religiosa terá conseguido que alguém admita que sua correspondência seja sistematicamente violada? E quantos outros direitos a instituição tem desrespeitado, uma vez que os interessados parecem querer abrir mão de todos eles? O fato é que a correspondência é violada. No máximo, o que há é uma "aceitação posterior" em nome de um famigerado "bom espírito" da Obra. Não se trata de um caso isolado. Centenas de numerários vivem ou viveram essa realidade.

Um ex-numerário fez o seguinte testemunho:

"Lembro-me claramente da minha estupefação quando, logo depois de 'apitado' – num curso anual de adjuntos aspirantes –, me entregaram uma carta dirigida a mim, escrita pela minha irmã. O envelope estava aberto; a carta, meio amassada.

(Uma explicação: minha irmã se deliciava em fazer 'dobraduras', algumas bem complicadas, com o papel; as cartas que ela enviava tendiam a origami. O diretor que abriu e leu essa carta que ela me enviara não devia ter muita habilidade manual... e não soube recompor a dobradura... entregou-a amassada mesmo)".

A idéia de processar a instituição por essa e outras razões pode ser avaliada. No momento, porém, outra questão se torna mais urgente. É a questão de informar a sociedade sobre o *modus operandi* do Opus Dei e seus perigos.

Muitos dos que deixaram de pertencer ao Opus Dei são os únicos que possuem a "chave", ou seja, são os únicos que conseguiram abrir a porta de si mesmos e sair para o mundo real, longe do mundo pasteurizado do Opus Dei – muitos dos ex-membros tiveram filhos, e seus filhos poderão um dia conhecer certo centro cultural... participar de um retiro espiritual no fim de semana... ser convidados a visitar uma favela ou um asilo... participar de uma tertúlia divertida... ir a um convívio de estudantes... Nenhum pai ou mãe gostaria de ver repetida, na vida de seus filhos, a experiência de, em nome de Deus, submeterem-se às arbitrariedades dos diretores do Opus Dei.

Não julgueis...

Em Mateus 7,1, Cristo diz: "Não julgueis, para não serdes julgados". Ao concluir a leitura deste livro, um bom cristão poderia lembrar-nos dessa passagem evangélica, que soa como um princípio absoluto e desautorizaria iniciativas como a nossa.

De fato, trouxemos à luz (e da luz Cristo disse que devemos nos aproximar, para aferir a qualidade de nossas obras...) uma série de fatos que contradizem a imagem que o Opus Dei apresenta de si mesmo. Estaríamos, porém, com essa atitude de esclarecimento, sem evitar frases contundentes, traindo o ideal cristão, pecando contra a caridade, ao expor as falhas da instituição?

Na enquete que o *site* Opuslivre realizou para obter informa ções e testemunhos, algumas pessoas expressaram esta opinião:

"Apenas gostaria de demonstrar minha profunda tristeza em ter ouvido suas idéias sobre a Obra, vocês que foram pessoas que tiveram tanto amor a ela, e agora criticam com unhas e dentes o Opus Dei. Infelizmente, é impossível escrever tudo o que gostaria aqui. Digo apenas que ninguém é forçado a ser membro da Opus Dei. Sou uma moça de 21 anos, estudo na USP, freqüento os meios de formação, conheço a Obra praticamente desde que nasci, não tenho vocação para ela no momento e não sei se terei. Tenho grande admiração e respeito à prelazia e acho que, se muitos de vocês afirmam ser cristãos católicos, então não deveriam divulgar seu ódio e indignação contra qualquer pessoa. Isso faz parte da dignidade do ser humano" (*Y. S.*).

Muitas pessoas nos disseram também que teríamos de distinguir o que é humano do que é divino. Em suma, a nossa crítica seria não-cristã por faltar à caridade, por apontarmos os erros flagrantes cometidos dentro da prelazia. Deveríamos talvez, como ensinava o próprio Josemaría Escrivá, calar, rezar, trabalhar, sorrir, perdoar...

Concordamos, é claro, com a passagem evangélica (e quem seríamos nós para não concordar?). Somente Deus pode decidir sobre o destino final de cada ser humano, e é verdade que faz parte da natureza humana criticar os outros e ser benevolente consigo mesmo. Chesterton, a esse respeito, chegou a dizer que a única e verdadeiramente aceitável crítica seria a autocrítica.

Por ser infinitamente justo e infinitamente misericordioso, só Deus pode julgar, e Ele nos condenará se condenarmos o nosso próximo, medindo-nos com a mesma medida com que medimos os outros. Nós, humanos, devemos ser compassivos e misericordiosos, lembrando-nos do que a psicologia demonstra com facilidade: os defeitos dos outros que mais nos irritam são, em geral, nossos próprios defeitos, que detestamos ver nos outros e que deveríamos aprender a detectar em nós mesmos. Julgar e condenar é típico de uma atitude farisaica hipócrita. Os outros é que são ladrões, injustos e adúlteros! (cf. Lc 18,9-14).

O problema aqui é exagerar o peso de uma frase do evangelho, distorcendo o conselho de Cristo a ponto de pensar que não podemos emitir um juízo crítico sobre a realidade. Há cristãos que, infelizmente, chegam a usar essa passagem para se protegerem de qualquer crítica. Estão em pecado, mas não querem que ninguém lhes faça a menor advertência. Quando alguém vem dizer-lhes que têm um comportamento inadequado, ou que estão errando mesmo, respondem de modo agressivo: "Não julgue, não julgue! Não julgue porque senão você acabará sendo julgado!".

Uma interpretação equilibrada do que diz Jesus nessa passagem é que não devemos julgar os outros de modo injusto, e muito menos assegurar, com uma autoridade que não possuímos, que um pecador é irrecuperável ou não, que se salvará ou não, ou decidirmos se uma doença ou revés são castigos divinos ou acidentes naturais, ou se um cristão que morreu foi para o céu ou para o inferno etc. Levando em conta a concepção integral dos ensinamentos do Novo Testamento, e mesmo da Bíblia, Jesus Cristo não nos proibiria de usar o nosso discernimento para adquirir um critério sobre as atitudes e comportamentos das outras pessoas. Devemos julgar de modo inteligente, criterioso, honesto.

De qualquer modo, o evangelho deixa claro que, no contexto dessa frase, como vemos no versículo seguinte – "Não julgueis, para não serdes julgados. Pois, com o mesmo julgamento com que julgardes, sereis julgados; e com a mesma medida com que medirdes, seres medidos" –, somos admoestados a não aplicar injustamente as leis ou normas de comportamento. Não devemos, em suma, ser injustos. Recorrendo à regra de ouro da moral, não devemos fazer aos outros o que não queremos que nos façam. Efetivamente, ninguém gosta de ser injustiçado, e, por outro lado, o certo é aceitar que sejamos tratados com justiça, mesmo que isso signifique ter de ouvir que estamos cometendo erros, leves ou graves.

Indo um pouco mais adiante, nos versículos 15 a 20, veremos que o próprio Jesus Cristo nos exorta a tomar cuidado com os falsos profetas. Ora, tal julgamento é necessário para distinguir os "lobos roubadores" que vêm camuflados sob peles de ovelhas! Precisamos, portanto, criticar os falsos profetas, criticar o que percebemos haver de errado dentro da Igreja, observando, averiguando, constatando, aferindo, investigando!

Se déssemos ouvidos àqueles que nos criticam por criticarmos o Opus Dei, se aceitássemos uma interpretação exagerada daquele versículo e acreditássemos que o cristão não pode julgar, estaríamos optando pela paralisia intelectual! Não poderíamos dizer nada sobre ninguém, pois tudo seria julgar. Não poderíamos educar nossos filhos, pois não teríamos critérios de julgamento. Se víssemos um jovem espancando uma velhinha, não poderíamos dizer nada, pois não teríamos autorização de Cristo para considerar aquele jovem uma pessoa má visto que isso já seria julgá-lo. Por fim, não poderíamos sequer julgar o Opus Dei, que, todos os dias, julga a todos e condena os ex-membros a uma vida de infelicidade.

Não, Jesus Cristo não nos deixou numa situação em que estaríamos proibidos de ver que há coisas certas e coisas erradas, mesmo no interior da sua Igreja. Jesus não aprovaria um novo pecado chamado "julgar". Temos de julgar, exercer com justiça a nossa capacidade de pensar, avaliar e escolher o que é melhor.

Por julgarmos o Opus Dei – e estas páginas são nossa explicação racional e fundamentada para esse juízo de valor –, não nos definimos como pessoas que não amam a Igreja ou desprezam até mesmo os sonhos e ideais em nome dos quais ingressamos na Obra em nossa juventude, porque desejamos uma Igreja melhor, hoje e no futuro, não obstante todas as fraquezas humanas (as nossas incluídas, é lógico!).

CONCLUSÃO

Ao término deste percurso, pareceria ser o momento de retomarmos, em breves enunciados, os principais resultados que obtivemos. Esta tarefa, porém, não é nada fácil, pois o principal resultado a que chegamos é que o Opus Dei é tão ambíguo que não se deixa expressar em formulações lineares.

Como para toda seita, essa ambigüidade é muito conveniente ao Opus Dei. Como em toda seita, em sua tática de recrutamento ("apostolado"), as explicações conceituais que dão à pessoa que querem aproximar dos centros são nulas ou mínimas: a tática é levar a pessoa ao centro e proceder àquela imersão em "simpatia" e "carinho", que tornam dispensáveis quaisquer questões ou questionamentos...

A grande conclusão deste livro é precisamente a de que existe um Opus Dei de fachada e outro, muito diferente, de bastidores: procuramos mostrar as diversas formas – e dar as bases para a compreensão – dessa dualidade. Daí termos optado pela apresentação de depoimentos e testemunhos vividos: única forma de superar a vertiginosa confusão e ambivalência das afirmações que o Opus Dei faz de si mesmo. Mas não se trata só de uma opção metodológica: constatamos, com muita alegria, que, de algum modo, conseguimos dar voz – direta ou representativamente – não só às poucas centenas de ex-membros, pais etc. que nos procuram, mas também a uma imensa multidão emudecida, de pessoas que sofreram danos – de diversas ordens – por parte da prelazia.

Alguns leitores podem sentir falta de maior espaço para aspectos mais ruidosos, comentados pela mídia: as acusações de procedimentos escusos; apadrinhagens eclesiásticas; escândalos financeiros; os quase cinqüenta milhões de dólares gastos na construção da sede americana em Manhattan; as mortificações corporais do cilício e das disciplinas; os mecanismos pelos quais a Obra controla a Cúria Romana e o Vaticano; o famoso caso de Robert Hannsen, o supernumerário americano que durante 15 anos foi agente do FBI e espião russo; etc. Todas essas são questões sem dúvida muito importantes, mas que já têm recebido farto tratamento por parte dos meios de comunicação.

Outros leitores gostariam que tivéssemos enfatizado o bem espiritual que o Opus Dei faz para seus cooperadores e para as pessoas que freqüentam seus meios de formação, conhecendo apenas a periferia da Obra a não seus bastidores.

Preferimos enfatizar – e trata-se de uma contribuição original em nosso meio – as análises dos modos de proceder e de ser da Obra a partir da verdade, dolorosamente experimentada, na vida de tantas pessoas.

Vimos, assim, alguns aspectos de como é o plano inclinado, a ambigüidade da linguagem, o recrutamento de novos membros, a captação de recursos, o quotidiano de um numerário, de um supernumerário, como é considerada a mulher etc. Vimos as grandes linhas de como se tem realizado a Obra no Brasil e oferecemos algumas análises sobre todos esses dados.

Esta nossa modesta contribuição é, talvez, menos sensacionalista, mas, com certeza, muito necessária.

OBRIGADO, OPUS DEI,

por mais um Natal supertriste, ao qual nosso filho não vai comparecer porque agora – segundo vocês – ele tem *outra família*;

pelos meses/anos mais tristes e sofridos de nossas vidas;

pela dissimulação que envolve todo o seu processo agressivo de recrutamento de jovens;

pela destruição da nossa família, que era feliz, normal *e* católica;

por ter sido o caminho da ruptura de nossa formação católica com a Igreja na qual crescemos, já que ela aprova seus métodos duvidosos e sua existência nefasta;

por destruir a confiança na qual criamos nossos filhos, já que os diretores espirituais do Opus os encorajam a não contarem *nada* aos pais, pois nós "não vamos compreender";

por nos transformar em "famílias biológicas";

pela desonestidade que incutiu em nossos filhos que continuam afirmando obstinadamente que não mentem, mas sim omitem certos fatos...

por ensinar nossos filhos a praticarem várias formas de mortificação corporal, incluindo aceitar com naturalidade o uso do cilício;

por ensinar nossos filhos a seguirem (*suas*) ordens cegamente;

por incutir em nossos filhos a presunção de pertencerem a uma elite muito especial e que se tornarão santos alcançando, através de horas e horas de reza, o reino do céu, ignorando o fato de que nós (seus pais e sua verdadeira família) estamos vivendo um inferno diário pelo jeito diferente como vêm agindo e pelas atitudes que vêm tomando desde que resolveram ser numerários;

por ignorar a dor incrível em nós (pais) causada por sabermos que pessoas que amamos estão sendo transformadas em marionetes que seguem cegamente ordens dessa organização;

por fazer nossos filhos perderem a compreensão do que é viver no mundo real;

por nos ter apunhalado pelas costas usando seus grupos de fachada (centros culturais, clubinhos etc.) como redutos de captação de jovens;

pelo silêncio, suspense e segredos que envolvem as coisas relativas à Obra;

pela "vocação" orquestrada, orientada e dirigida por subterfúgios que vocês incutiram nas cabeças de nossos filhos;

por trancafiar a cabeça de nossos filhos a sete chaves para evitar que eles vejam os erros, mentiras e distorções que vocês pregam em nome de ser um melhor cristão e "santo";

por destruir os alicerces de nossos lares, construídos sobre um amor verdadeiro de uma família cristã.

Família de um numerário
(março de 2004)

APÊNDICE A

No *site* Opuslivre, Augusto T. P. publicou este exercício de reprodução fidedigna de como transcorre:

Um típico círculo interno do Opus Dei

Todas as semanas, em dia e hora fixos, os membros numerários de um centro do Opus Dei se reúnem para uma atividade, um meio de formação importante, que é o *círculo breve* (no caso dos supernumerários, chama-se *círculo de estudos*, mas é estruturalmente idêntico). O círculo dos numerários costuma ser aos domingos (no fim da tarde) ou na segunda-feira, na primeira hora da manhã; o dos supernumerários ocorre num dia qualquer de segunda-feira a quinta-feira, às 19:00h, sempre na sede do centro. O círculo dura cerca de uma hora e segue o roteiro:

1. orações iniciais;
2. leitura e comentário do evangelho da missa do dia (cerca de 10 minutos);
3. leitura do plano de vida;

4. comentário sobre alguma norma ou costume do plano de vida (cerca de 15 minutos);
5. exame geral de consciência (cerca de 10 minutos);
6. *Confiteor*;
7. *Emendatio*;
8. palestra sobre algum tema da espiritualidade da Obra (cerca de 15 minutos);
9. avisos e breve tertúlia;
10. preces da Obra (cerca de 4 minutos).

O cenário é uma sala do centro. O diretor (ou outro numerário que "dá" o círculo) ocupa a cabeceira da mesa, ladeado pelos cerca de 12 assistentes (os numerários residentes naquele centro/ os supernumerários que compõem um dos grupos do centro). Os assistentes ficam em absoluto silêncio, nunca podem perguntar nada durante o círculo (e discutir, nem pensar: nunca, em nenhuma atividade interna do Opus), como se estivessem numa igreja. Não podem, por exemplo, fumar nem sequer cruzar as pernas (mesmo quando o círculo é numa sala e se sentam em poltronas), e todos (é de bom espírito) tomam notas enquanto o diretor fala. O diretor (D) entra, todos (T) se levantam. Alguém fecha as cortinas para que os vizinhos não vejam a sala e, então, o diretor se ajoelha e todos se ajoelham para as orações iniciais: em latim, nos círculos de numerários (N); em português, nos de supernumerários (S):

1. Orações iniciais

D: *Veni, Sancte Spiritus, reple tuorum corda fidelium, et tui amoris in eis accende. Emitte Spiritum tuum et creabuntur.*
T: *Et renovabis faciem terrae.*
D: *Oremus: Deus, qui corda fidelium Sancti Spiritus illustratione docuisti. Da nobis in eodem Spiritu recta sapere, et de eius semper consolatione gaudere. Per Christum Dominum nostrum.*
T: *Amen.*

2. *Leitura e comentário do evangelho da missa do dia (suponhamos a Festa da Transfiguração do Senhor: Mc 9, 2-9)*

[O diretor lê e, em seguida, enfatiza alguns versículos:] "2 Seis dias depois Jesus tomou consigo a Pedro, a Tiago, e a João, e os levou sós, em particular, a um alto monte chamado Tabor; e 3 transfigurou-se diante deles. E as suas vestes tornaram-se resplandecentes, extremamente brancas como a neve, tais como nenhum lavadeiro sobre a terra os poderia branquear. [...] 9 E, descendo eles do monte, ordenou-lhes que a ninguém contassem o que tinham visto, até que o Filho do homem ressuscitasse dentre os mortos".

Este é, por assim dizer, o "recado" da festa de hoje: tal como àqueles três apóstolos, o Senhor nos escolheu com a vocação para a Obra, para nos dar a certeza do triunfo, no Tabor de Sua transfiguração. Dentre os textos mais clássicos do Nosso Padre (e o Padre recorda isso na última carta mensal que nos enviou) estão aquelas três convicções, que nosso santo fundador queria gravar a fogo em nossas almas:

a) que a Obra vem para cumprir um mandato imperativo de Cristo e que o céu está empenhado em que ela se realize;
b) que Deus Nosso Senhor, quando projeta uma obra em favor dos homens, pensa primeiro nas pessoas escolhidas e lhes comunica as graças suficientes;
c) que essas convicções acabarão por dar-nos um entusiasmo e um amor tão grandes pela Obra que nos sentiremos felicíssimos sacrificando-nos para que ela se realize.

Sim, temos a certeza do triunfo; sim, temos a certeza de que a Obra vai se realizar, mas, como sempre ensinou Nosso Padre, o triunfo do Tabor requer a cruz do Gólgota e "quem vem à Obra, vem ao Gólgota, não ao Tabor". E a cruz é para nós sinônimo de fecundidade.

E há dias em que estamos mais cansados ou indispostos; há fases em que estamos muito atarefados e sem tempo; há épocas em que estamos oprimidos por alguma preocupação etc. Não perder o ritmo e unir tudo isso à eficácia redentora da cruz de Cristo: esse é o nosso segredo.

Na segunda estação de seu livro *Via-Sacra*, são Josemaría diz: "Quanto mais fores de Cristo, maior graça terás para a tua eficácia na terra e para a felicidade eterna. Mas tens de decidir-te a seguir o caminho da entrega: a cruz às costas, com um sorriso nos lábios, com uma luz na alma".

Por isso – quando estejamos a desanimar, a entregar os pontos, a largar a cruz – sempre é bom renovarmos aquela jaculatória que nosso santo fundador nos ensinou: "Que me vais dar quando me pedes isto?". Essa jaculatória nos lembra que a eficácia vem do excesso, vem da generosidade, vem da cruz.

Pensemos, por exemplo, na campanha econômica que estamos fazendo para a Osuc. Ninguém gosta de pedir dinheiro, mas temos a certeza de que, se insistirmos, se nos esforçarmos, se vencermos a vergonha e o respeito humano, o Senhor fará essa transfiguração e sairemos desses 7% da quota do centro e conseguiremos atingir as metas que Deus, por meio dos diretores regionais, nos propôs.

3. *Leitura do plano de vida*

[Todos se levantam, e o diretor lê (em latim e/ou em português) o plano de vida.]

- Todos os dias: oferecimento de obras, oração mental – meia hora de manhã e meia hora à tarde, santa missa, santa comunhão e ação de graças, leitura do santo evangelho e de algum livro espiritual, preces, santo rosário, visita ao Santíssimo Sacramento, *Angelus Domini* ou *Regina Caeli*, exames de consciência, oração "Lembrai-vos", Três Ave-Marias da Pureza, água benta.
- Semanalmente: confissão sacramental, recitação da Salve-Rainha, bênção do Santíssimo Sacramento, mortificação corporal (disciplinas).
- Mensalmente: dia de recolhimento.

- Todos os anos: retiro espiritual.
- Sempre: presença de Deus, consideração de nossa filiação divina, orações jaculatórias, ações de graças, atos de desagravo, atos de contrição, estudo, trabalho, ordem, alegria.

4. *Comentário sobre alguma norma ou costume do plano de vida (cerca de 15 minutos): exame geral de consciência*

Na seqüência das normas, devemos comentar hoje o exame geral de consciência (na semana que vem, falaremos do exame particular) que fazemos todos os dias no oratório, antes de dormir, aqueles dois ou três minutos nos quais examinamos como foi nosso dia e pedimos perdão a Deus pelo que fizemos mal.

Citávamos há pouco um texto clássico de nosso santo fundador e, para falar do exame, o texto clássico procede de seu santo sucessor, dom Álvaro (aliás, vamos todos encomendar [*encomendar*, "oração de petição"] porque parece que o processo de beatificação de dom Álvaro "está com tudo" lá no Vaticano).

Para o exame de consciência, o texto-base é a carta de dom Álvaro, publicada em *Crônica* [revista mensal interna da seção masculina] de dezembro de 1976. Vamos então recordar alguns pontos básicos sobre o exame.

Fazemos o exame, esses dois ou três minutos ao final do dia para individualizar as causas de nossas ações e omissões. Ao falar em "individualizar", dom Álvaro quer dizer que o exame é geral, mas não é genérico. Precisamos descobrir: "Qual a origem desses momentos de mau humor, daquela reação precipitada, de um trabalho realizado de qualquer jeito, de nossa pouca audácia no apostolado?".

O exame é o grande remédio contra a tibieza, contra o aburguesamento. É pelo exame que nos mantemos vibrantes na luta. Como anda o nosso empenho no cumprimento das normas? Por que nossa oração vocal anda tão murcha? Por que me distraio tanto na oração mental? Como anda meu esforço para viver a fraternidade? Porque é uma vergonha: nesta casa o telefone toca, toca,

toca, e ninguém atende... e isso, mesmo quando todos estão em casa! E a mesma coisa acontece com a campainha: os supernumerários se queixam de que às vezes têm que esperar três, quatro, cinco minutos até que alguém – sempre os mesmos – desça para abrir-lhes a porta. Como anda meu esforço para fazer apostolado? Ontem, por exemplo, tivemos o recolhimento para gente de fora e, na hora de fazer a lista dos que vieram, nas contas dos encarregados havia 45 "de fora" e passamos a tertúlia inteira e só nos lembramos de 38 nomes. E os outros 7? Eram amigos de quem? De qual supernumerário? Temos de esforçar-nos por vencer a preguiça e telefonar para os supernumerários que cada um de nós atende na conversa e perguntar por que faltaram, por que alguns supernumerários não vieram ao recolhimento. Como andamos de interesse pelas coisas da Obra? Em que pensamos: na Obra ou em nosso eu? Este eu, que – como nosso Padre dizia – temos em grau superlativo.

O mais importante do exame é a dor: deve ser um exercício de contrição, de pedir perdão a Deus.

E sempre no exame deve haver um propósito para o dia seguinte: um propósito concreto (nossos propósitos não podem ser genéricos: "Amanhã vou viver melhor a presença de Deus..."; "Amanhã vou esforçar-me para não pensar em mim mesmo...". Não, esses seriam propósitos genéricos. Um propósito concreto seria, por exemplo: "Amanhã vou fazer uma visita para a campanha econômica e assim não pensarei em mim").

Lembremos do que o doutor Xavier sempre dizia: "Quem faz propósitos e não os cumpre não vai mal; quem faz propósitos e os cumpre vai bem; quem não faz propósitos, cai na tibieza". E, como bem sabemos porque são Josemaría nos ensinou, os tíbios serão vomitados por Deus.

5. *Exame de consciência*

[A seguir, o diretor lê (em latim e/ou em português) as vinte e tantas perguntas do exame de consciência do círculo e após cada pergunta dá uns 15 segundos de silêncio para que cada um se examine sobre aquele ponto. O diretor pode espontaneamente comentar umas duas ou três perguntas:]

(1) Omiti a meditação ou diminuí seu tempo por outro motivo que não fosse o de doença? [...]

(8) Tenho consciência de ter causado um mal certo à Obra de Deus por minha apatia, tibieza, desleixo ou frialdade no cumprimento de meus deveres profissionais ou sociais? [...]

(17) Fiz gastos supérfluos por luxo, capricho, vaidade, comodidade etc.

[Nesta ele resolve fazer um comentário... na verdade, talvez, dar uma "indireta" para o "gastão".] Nosso Padre sempre nos ensinou que nossa pobreza consiste em não ter nem sequer desejar nada supérfluo. Não temos que nos sentir complexados porque não temos, por exemplo, um telefone celular ou por deixarmos o talão de cheques com o secretário. Não teria graça nenhuma que fizéssemos direitinho a conta de gastos, as consultas sobre compras etc. e depois andássemos com cheques no bolso... [...]

(23) Procuro, com a ordem de meu trabalho, dar-lhe maior eficácia e a Deus mais glória? [...]

(26) Retifiquei a intenção, procurando em todas as minhas coisas somente a glória de Deus? [...]

[Acabada a leitura do exame, todos se levantam e, com a cabeça e o peito inclinados para a frente, rezam o...]

6. *Confiteor*

"Eu, pecador, me confesso a Deus todo-poderoso, à bem-aventurada sempre Virgem Maria, ao bem-aventurado são Miguel Arcanjo, ao bem-aventurado são João Batista, aos santos apóstolos são Pedro e são Paulo, a todos os santos e a vós irmãos, que pequei muitas vezes, por pensamentos, palavras, obras e omissões, por minha culpa, minha culpa, minha máxima culpa (batendo no peito). Portanto, rogo à bem-aventurada Virgem Maria, ao bem-aventurado são Miguel Arcanjo, ao bem-aventurado são João Batista, aos santos apóstolos são Pedro e são Paulo, a todos os santos e a vós irmãos, que rogueis por mim a Deus Nosso Senhor.

7. *Emendatio*

Acabado o *Confiteor*, começa uma prática tipicamente conventual: a *Emendatio*. Os três ou quatro que pediram licença ao diretor antes do círculo, põem-se de joelhos e acusam-se publicamente de pequenas faltas, sempre de acordo com a fórmula (em latim e/ou em português): *Coram Deo Domino nostro, confiteor... tal falta... Propter has culpas peto veniam et poenitentiam*, ou seja: "Diante de Deus Nosso Senhor me acuso de... tal falta ... Por essas culpas peço perdão e penitência".

Por exemplo: "Diante de Deus Nosso Senhor me acuso de não ter usado o cilício uma vez nesta semana. Por essa culpa peço perdão e penitência". O diretor responde algo assim como: "Faça uma visita extraordinária para o Santíssimo e ofereça pelas intenções do Padre".

8. *Palestra sobre algum tema da espiritualidade da Obra*

Sinceridade

A palestra de hoje será sobre sinceridade. Nós não viemos à Obra só para entregar coisas (tempo, dinheiro, carreira, família, amigos, saúde etc.); viemos à Obra para entregar-nos a nós mesmos, para entregar a nossa intimidade, para morrer para o "homem velho", de que fala são Paulo, e para construir o novo homem que o Espírito Santo, por meio dos diretores, quer esculpir em nós. E a nossa felicidade e a nossa eficácia estão em função dessa entrega. Mais do que entregas materiais, que são as mais fáceis, precisamos realizar a entrega do apego fundamental. E nosso apego fundamental é ao próprio eu! Aí já não se trata de entregar a Cristo tais e tais coisas, mas sim o que está mais profundamente arraigado no "homem velho" e que contradiz o homem novo: "Já não sou eu que vivo; é Cristo que vive em mim" (Gl 2, 20).

O nosso ideal, a nossa vocação, aquilo para que Deus nos chamou é, em frase programática de nosso santo fundador, "fazer o Opus Dei, sendo tu mesmo Opus Dei". Na verdade esses dois aspectos do projeto divino para nós se identificam: nós só faremos o Opus Dei se formos Opus Dei e, portanto, se aniquilarmos nosso eu.

Daí que toda a nossa luta, todo o nosso plano de vida se dirija a realizar na minha vida o Opus Dei. E é este complexo "eu" de cada um que deve se transformar em Cristo. E para isso Deus fez com que Nosso Padre dispusesse para a Obra este meio personalíssimo de santificação que é a conversa fraterna: "Esta conversa sincera", lembrava o Padre na carta mensal do mês passado, "é, sacramentos à parte, o meio de santificação mais soberano que temos no Opus Dei".

A conversa com o diretor em nossa direção espiritual é a grande ocasião de crescermos em santidade. Porque o diretor conta com a graça de estado para nos orientar. A conversa é, além disso, um modo único e privilegiado de realizar essa entrega num nível mais profundo: o da intimidade! Temos de contar tudo o que nos envergonha, o que não gostaríamos que outra pessoa soubesse, numa palavra, como dizia Nosso Padre: ser selvagemente sinceros. Não só em relação aos pecados, digamos assim, do "lado de fora" de nossa vida, mas temos que expor ao diretor também todo esse mundo de dentro, da intimidade. Esse mundo por vezes complexo, complicado, de nossas reais motivações, temores, preocupações, tristezas, alegrias, grandezas e pequenezes que talvez nem aflorem direito ao exterior, mas estão aí...

Parte importante do processo de nosso transformar-nos em Opus Dei é precisamente a entrega dessa intimidade: falar! Falar com uma confiança absoluta naquele nosso irmão que nos atende e que representa para nós o próprio Cristo: contar primeiro o que mais nos custa, o que mais nos envergonha; é importante não só o que contamos, mas a forma como contamos. A forma deve ser espontânea, simples, direta. Em vez de ficarmos enrolando com rodeios e circunstâncias, devemos dizer "na lata": "Fiquei olhando para as pernas de uma colega!". Como vamos à conversa para crescer em humildade, nunca devemos dar desculpas ou atenuantes para as misérias que expomos; a sinceridade de "falar antes", não esperar que aquela tristeza, aquela preocupação, aquela tentação... ganhem corpo. Nunca devemos pensar: "Isto eu resolvo por mim mesmo e, quando estiver superado, então eu conto para o diretor".

Os frutos da conversa são a garantia de objetividade na luta e uma grande eficácia sobrenatural, porque aquilo que passamos pela conversa adquire uma característica essencial: a de tornar-se obediência e, portanto, contar com a graça de Deus.

9. Avisos

[O diretor transmite as ordens do governo mundial, estadual, nacional ou local da Obra.]

D: Chegou uma indicação da comissão [governo nacional] lembrando critérios para usar a internet: nunca se navega a esmo; nunca se navega a sós: no nosso trabalho dispor o computador de modo que outras pessoas possam ver nossa tela... [etc.].

D: Vamos rapidamente ver a quantas anda nossa campanha econômica: "Fulano, quanto você conseguiu nesta semana..."; "Beltrano..."; "Mengano...".

D: Não deixem de encaminhar ao encarregado os nomes das pessoas novas que apareceram neste mês. E convém manter em dia a pasta de acompanhamento de cada freqüentador do centro. O melhor é assim que se acaba de dar uma palestra, marcar imediatamente na pasta os nomes dos que assistiram a ela. Não esperar o fim do mês para avisar os que ainda não vieram ter a conversa com o padre Alberto. Lembro a todos que as estatísticas de conversas com o padre Alberto indicam que desde março está havendo um decréscimo. Como também está em decréscimo o número de participantes dos círculos. Por outro lado, como tem vindo aos recolhimentos muita gente nova, isso significa que não está havendo, de nossa parte, acompanhamento desses novos. Estamos cansados de saber que, se deixamos o apostolado para a iniciativa espontânea dos "de fora", não vem ninguém. Assim, cada pessoa nova que pisa no centro tem de ser acompanhada de perto para marcar conversa com o sacerdote, para ir se integrando nas palestras etc.

Fulano diz: "Gente, vamos rezar pelo Zezinho, amigo meu que veio na primeira vez ao recolhimento no sábado e gostou".

Beltrano diz: "Eu e mais dois supernumerários estamos querendo começar uma aula de doutrina no Banco Real da Paulista, se alguém tiver algum amigo na região que possa reforçar, me avise".

D: Nossa! Há mais de uma hora que estamos aqui. Vamos rezar as preces.

10. Preces (cerca de 4 minutos)

[Todos se ajoelham, beijam o chão e rezam em latim as preces da Obra:]

D: *Ad Trinitatem Beatissimam*

T: *Gratias tibi, Deus, gratias tibi...*

APÊNDICE B

Apresentamos aqui um tópico – "O Opus Dei é uma seita?" – do estudo de José Eleutério: *Linguagem e Manipulação. Um estudo de caso: o Opus Dei*, que apresenta o debate de Jean Lauand com uma numerária no Orkut[1].

Opus Dei, uma seita?

Para analisarmos o fenômeno das seitas, tomaremos o instrumental desenvolvido por Randall Watters, ex-testemunha-de-jeová e "ex-ancião de Betel" da *Watchtower* durante muitos anos. De sua experiência, surgiu a Free Minds Inc., de cujo *site* recolhemos os seguintes parágrafos de auto-apresentação:

> No início da década de 1990, Randall decidiu focar a sua atenção em educar o público a respeito de seitas e de religiões autoritárias. É nossa opinião que as razões mais importantes e óbvias para a escravidão aos *cultos* ou às seitas são *emocionais* e *psicológicas*, daí a mudança do nome para *Free Minds, Inc.* e a ênfase mais recente em questões relacionadas com o controle da mente, coerção e persuasão etc. *É nossa opinião que o que define uma seita é o grau de engano e meca-*

nismos de controle usados pela liderança de qualquer grupo específico, seja ele religioso, político ou relacionado com auto-ajuda. Não é nosso propósito julgar outros quanto ao seu estilo de vida ou quanto aos seus pontos de vista. Nós somos um serviço de informações que, embora se dirija primariamente a cristãos, encara com naturalidade a ligação com o resto do planeta através da internet, acreditando que a educação e a discussão promovem o crescimento mais saudável das nossas almas. *Se o cristianismo ou qualquer outra maneira de ver o mundo não podem tolerar a crítica e o debate, não valem nada*[2].

Watters[3] estabelece acertados critérios para a caracterização de uma seita, lembrando que o importante é o conjunto dos critérios e não uns poucos isolados.

Como identificar seitas perigosas? A configuração é feita com base em quatro tópicos:

1. recrutamento: as estratégias do grupo para recrutar novos adeptos;
2. programação: as estratégias do grupo para administrar a vida cotidiana dos seus adeptos;
3. retenção: as estratégias do grupo para reter seus adeptos;
4. resultado: as implicações destas estratégias na vida dos adeptos.

Apresentaremos esses critérios, para que se possa examinar se se aplicam também, *mutatis mutandis*, para o caso do Opus Dei.

1. Recrutamento

Para o recrutamento no Opus Dei, confronte as análises iniciais do artigo no *site* Opuslivre[4]. Limitar-nos-emos, aqui, ao recrutamento de futuros numerários nos centros para estudantes jovens, em geral do ensino fundamental e médio.

a) Engano: a identidade e os verdadeiros objetivos do grupo não são revelados antecipadamente. Os líderes dizem aos membros que eles não podem dar informações sobre o grupo, para que as pessoas "de fora" não saibam muito a respeito deles.

Esta primeira característica é praticada no Opus Dei: as casas se apresentam sob a fachada de Centros Culturais ou Centros Universitários etc., para os quais o jovem (ou a jovem, pois há rigorosa separação de homens e mulheres) é convidado para atividades como Programa de Iniciação Científica (PIC), Programa de Orientação Científica (POC) etc. Na verdade, só num segundo estágio saberá que aquele centro é fundamentalmente para atividades religiosas e, finalmente, para que ele mesmo ingresse na Obra. No jargão interno, os membros são "os de casa" em oposição, literalmente, aos "de fora".

b) Chantagem emocional: as seitas oferecem amizade e aceitação instantâneas. Os que recrutam novos adeptos não aceitam uma resposta negativa sem que antes levem a pessoa a sentir-se culpada ou ingrata pela rejeição de sua pregação.

Também no Opus Dei, ao que chega é oferecida uma inundação de amizade e acolhimento, que será "negociada" para que o prosélito percorra os passos do plano inclinado (as diversas etapas de aceitação da proposta da Obra: desde a participação numa atividade neutra, científica ou cultural, até a entrega totalíssima nas mãos da instituição, passando por assistência a palestras religiosas, conversas semanais com o padre que mora no centro, retiros de três dias isolados e em silêncio etc.).

c) Exploração de crises emocionais: são exploradas situações como um relacionamento quebrado, um falecimento na família, a perda do emprego, uma mudança recente, a solidão e a depressão.

No Opus Dei, não necessariamente se espera alguma crise emocional; o plano inclinado começa desde que o jovem põe o pé no centro. Naturalmente, se acontecer alguma situação de crise, será explorada para fortalecer os laços do prosélito com a prelazia.

d) Invenção de crise: o mundo à nossa volta e os crentes de outras religiões são vistos numa perspectiva sombria, ou o fim do mundo é iminente etc. Dizem às pessoas que elas devem fazer parte do grupo para que possam ser salvas ou curadas.

O Opus Dei mantém-se na prática à margem da Igreja, não se mistura com outras instituições católicas nem intervém em pastorais da diocese ou da paróquia (nisso, como em tudo, pode abrir alguma exceção vistosa, para confundir). O Opus Dei sempre alegará que não age em bloco, mas a verdade é que nem passa pela cabeça de um membro, por sua própria iniciativa, participar em tais atividades... Na verdade, embora raramente o explicitem, todo o ambiente do centro concorre para que se considerem "os outros" como católicos "não sérios". Como diz o fundador: "Você já viu um farol aceso? E outro sem acender? São iguais, mas um tem luz e o outro não. Então, o farol aceso é o do Opus Dei. Está claro? De modo que um católico é igual a outro católico, mas se se lhe acende uma luz dentro... e ele responde, e não a apaga, esse é do Opus Dei. Essa é a diferença: ele dá luz, ele dá calor, ele atrai".

e) Respostas: o grupo tem respostas simplistas e únicas para todos os questionamentos sobre a vida.
   É bem o caso do Opus Dei, onde o farol da vocação "ilumina" todos os aspectos da vida. Inúmeros assuntos que a Igreja Católica deixa ao arbítrio pessoal dos fiéis (por exemplo: conveniência ou não de determinadas leituras, filmes etc.) estão totalmente catalogados na Obra.

2. *Programação*

a) Estudo intenso: a ênfase é posta nos escritos e doutrinas do grupo. A Bíblia, se usada, é citada de forma seletiva e fora do contexto.
   Na Obra, os escritos e falas do fundador estão praticamente acima da Bíblia, numa escala de importância.
b) Avisos: os novos membros são avisados de que Satanás fará com que seus familiares e amigos falem mal do grupo. Dentro de pouco tempo, os recrutas só confiam nos membros do grupo.

Quando o numerário propõe a vocação (esta, em geral, vem de fora, imposta pelo Opus Dei), isto é, fala ao candidato "pra apitar", a primeira advertência é a de que em hipótese alguma comente com quem quer que seja o assunto, especialmente com os pais que, neste caso, "são os piores inimigos da vontade de Deus"; como também o são os sacerdotes que não pertencem à Obra etc.

c) Culpa e medo: os grupos enfatizam a natureza pecaminosa do indivíduo e a necessidade de purificar a velha personalidade. *A doutrina do "homem velho" versus "homem novo", apresentada a seu modo, é uma das constantes na pregação do Opus Dei.*

d) Controle da rotina, fadiga: o estudo e o trabalho para o grupo são obrigatórios, roubando quase todo o tempo do novo membro, tornando-o demasiado ocupado para refletir ou ouvir a opinião de outros. A família, os amigos, o emprego e os passatempos são postos de lado, isolando-o ainda mais.

e) Ataque a qualquer tipo de pensamento independente: o pensamento crítico é desencorajado e interpretado como orgulho e pecado. É encorajada a aceitação cega.

f) Comissão divina: o líder geralmente alega ter recebido novas revelações de Deus e afirma ser o único porta-voz de Deus para a humanidade neste tempo.

g) Obediência irrestrita: todas as questões têm respostas simples e requer-se do novo adepto uma obediência inquestionável às ordens do grupo. Uma mentalidade do tipo "nós contra eles" fortalece a identidade do movimento. Todas as pessoas que não pertencem ao grupo são encaradas como fracas ou enganadas. *Também nesses pontos, como inúmeros depoimentos atestam, trata-se com bastante exatidão das práticas de bastidores do Opus Dei.*

3. *Retenção*

a) Questionamento de motivos: quando é apresentada evidência sólida contra o grupo, os membros são ensinados a questionar os motivos da pessoa que apresenta a evidência. Aqui-

lo que pode ser verificado é ignorado e se aceita aquilo que não pode ser verificado.
O debate público confirmará amplamente este ponto.

b) Controle de informação: o grupo controla aquilo que o membro pode ver ou ouvir. É proibido o contato com ex-membros e com qualquer pessoa que critique o grupo.
Aplica-se em grau superlativo ao Opus Dei.

c) Isolamento e alienação: o grupo substitui a família porque o membro ouve que não precisa de mais ninguém (nem mesmo da família) além do grupo. Talvez o novo adepto receba instruções como: proibição de alimentos, proibição de casamento ou abandono do lar, desistência da escola, entre outras.
Naturalmente, pontos como a proibição de alimentos é específico das testemunhas-de-jeová, mas o espírito do parágrafo é, sem dúvida, o do Opus Dei.

d) Repressão: a desobediência, incluindo até mesmo desacordos insignificantes com a doutrina do grupo, terá como resultado o banimento e a expulsão.
A expulsão é usada como último recurso, mas a mais insignificante desobediência é seriamente reprimida no Opus Dei.

e) Fobias: o medo do mundo e das outras pessoas é aumentado, tal como o medo do diabo e do mal. É ensinado aos membros que lhes acontecerá algo muito mau se deixarem o grupo. Não existe nenhuma maneira honrosa de sair do grupo.

f) Empenho: ser membro e trabalhar para o grupo é essencial para a salvação. Por mais que o adepto se esforce, nunca será o suficiente.
Aplicam-se plenamente à Obra.

4. *Resultados*

a) Dependência: o adepto fica com uma dependência infantil do grupo.

b) Desordens pessoais: depressão, desorientação, ansiedade, estresse, comportamento neurótico ou psicótico, e até mesmo tendências suicidas.
c) Capacidade diminuída: o adepto perde a capacidade de pensar de forma clara e crítica. Contradições lógicas nas doutrinas têm pouco ou nenhum efeito sobre ele.
d) Exploração: o adepto é explorado financeira, psíquica e/ou mentalmente. Pode ser manipulado para dar tudo o que possui ao grupo, abandonar escola ou emprego (para poder passar muitas horas vendendo literatura ou outros itens), fornecer mão-de-obra barata para o grupo e outras coisas.
Aplicam-se plenamente ao Opus Dei.

O curioso é que o Opus Dei não hesitaria em reconhecer, digamos, no caso de testemunhas-de-jeová, que essas características configuram cabalmente uma seita. Ao mesmo tempo, embora as pratique plenamente, nunca reconheceria para os "de fora" que essas são as suas próprias práticas (naturalmente, entre os "de casa" nem se tocam nesses assuntos). A Obra sempre negará veementemente seu caráter de seita, esgrimindo o fato de que é uma prelazia da Igreja, como se isso fosse suficiente para impedir que, em seus centros, esses procedimentos sejam adotados...

NOTAS

Introdução

[1] http://www.opusdei.org/art.php?w=34&s=23. Este e todos os demais *sites* citados foram acessados em 18-7-2005.

[2] Julián Marías, *Hispanoamérica,* Madri, Alianza, 1986, p. 369.

[3] Desses testemunhos e depoimentos, vários foram extraídos do *site* www.opuslivre.org, que discute a atuação do Opus Dei no Brasil.

Opus Dei: um fenômeno religioso

[1] *Site* oficial brasileiro: http://www.opusdei.org.br

[2] Satur, *¿Alguien sabe qué es el Opus Dei?*, disponível no *site* espanhol: http://opuslibros.org/escritos/alguien_sabe.htm

[3] Texto na íntegra em: http://opuslibros.org/prensa/carta_escriva.htm

[4] Texto na íntegra em: http://www.fuenterrebollo.com/Franco/leyes-movimiento-nacional.html

[5] Texto na íntegra em: http://opuslibros.org/escritos/exclusion_testigos.htm

[6] María del Carmen Tapia, *Tras el umbral; una vida en el Opus Dei.* Texto na íntegra a partir de: http://www.opuslibros.org/libros/Tras_umbral/capitulo_I.htm

[7] Disponível em: http://www.opuslibros.org/libros/Tras_umbral/capitulo_8_II.htm

[8] Cf. http://www.opuslibros.org/libros/Tras_umbral/capitulo_11.htm

[9] Cf. http://www.opuslivre.org/oldweb/debates/teixeira.htm

[10] Cf. http://www.opuslibros.org/escritos/ex_auxiliar.htm

[11] Jovens com quem se desenvolve o "trabalho de são Rafael", apostolado que a Obra realiza com a juventude para atrair vocações.

[12] Escolhemos o nome Miguel porque o "trabalho de são Miguel" é, na Obra, a formação dada a numerários e adscritos.

[13] Plano inclinado: processo de manipulação em que progressivamente, sem saltos, uma pessoa vai sendo encaminhada a descobrir sua suposta vocação para a Obra.

[14] Conselheiro Acácio: referência ao personagem de *O primo Basílio*, de Eça de Queirós, o qual tipifica o formalismo, o falso moralismo da época, o apego às aparências.

[15] Colégio Catamarã: escola administrada por pessoas ligadas ao Opus Dei em São Paulo. Funciona em duas sedes independentes para evitar a co-educação dos sexos.

[16] Max Weber, *Ensayos sobre metodologia sociológica*, Buenos Aires, Amarrortu Editores, 1973, p. 79.

Opus Dei: dominação e manipulação

[1] http://www.opuslivre.org/oldweb/Correspondencia.htm

[2] http://www.orkut.com/CommTopics.aspx?cmm=1757055

[3] Hendrik Willen Van Loon, *A história da humanidade*, São Paulo, Martins Fontes, p. 269.

[4] No original: "Viendo lo que ellos son hoy, veo lo que nosotros fuimos ayer y no debimos ser nunca" (Cf. Alberto Moncada, *Evolución histórica del Opus Dei*, em http://personal1.iddeo.es/amoncada1/gcopus.htm).

[5] Josemaría Escrivá, *Questões atuais do cristianismo*, n. 59.

[6] No original: "Hemos de envolver el mundo em papel impreso".

[7] No original: "¿Tú hás visto um farol encendido? ¿Y outro sin encender? Son iguales, pero uno tiene luz y el outro no. Pues el farol encendido, ése es del Opus Dei. ¿Está claro? De modo que um cristiano es igual a outro cristiano, pero si se lê enciende uma luz dentro... y responde, y no apaga, ése es del Opus Dei. Ésa es la diferencia: que da luz, que da calor, que atrae" (Palavras de Josemaría Escrivá numa reunião no Brasil, em 26 de junho de 1974, citadas em F. Ocáriz et alii, *El Opus Dei em la Iglesia*, Madri, Rialp, 1993, p. 173).

[8] O "trabalho de são Gabriel" é o apostolado que a Obra realiza com profissionais, em geral casados, aí incluídos supernumerários e cooperadores.

[9] http://www.opuslibros.org/nuevaweb/modules.php?name=News&file=article&sid=4317

[10] No famoso romance lemos coisas como "Ministério da Paz", para manter a guerra; "Ministério do Amor", para criar um ambiente de desconfiança generalizado etc.; o *slogan* "Guerra é Paz", para deixar todos sempre em prontidão.

[11] Um exemplo do próprio Popper: "Uma vez que se adota essa atitude, todo o caso concebível se converterá em um exemplo verificador. Em 1919, ilustrei isso com o seguinte exemplo de dois casos radicalmente opostos de conduta. Um homem empurra um menino na água com a intenção de afogá-lo, e outro sacrifica a sua vida com o objetivo de salvar o menino. Cada um desses dois exemplos de conduta pode ser explicado facilmente em termos freudianos e, certamente, também em termos adlerianos. Segundo Freud, o primeiro homem sofria de repressão (por

exemplo de algum componente de seu complexo de Édipo), enquanto o segundo conseguiu sublimá-lo" (*Realismo y el Objetivo de la Ciencia; post-scriptum* a la lógica de la investigación científica, Madri, Tecnos, 1985).

12 "No encontraréis la felicidad fuera de vuestro camino, hijos. Si alguien se descaminara, le quedaría un remordimiento tremendo: sería un desgraciado. Hasta esas cosas que dan a la gente una relativa felicidad, en una persona que abandona su vocación se hacen amargas como la hiel, agrias como el vinagre, repugnantes como el rejalgar" (Trecho de homilia pronunciada pelo fundador em 8-3-1962, recolhida em *Meditaciones*, tomo III, p. 384-9, referente ao sábado da 13ª Semana do Tempo Comum).

13 Na verdade, com freqüência observa-se, sim, uma diferença: os ex-membros, em geral, gozam muito mais intensamente das pequenas alegrias da vida às quais as "pessoas comuns" já se acostumaram. Mais ou menos como o prisioneiro liberto depois de muitos anos de cárcere, experimentam uma profunda alegria por poderem andar à vontade pela rua, poderem ir ao cinema, poderem conversar com todas as pessoas, coisa que seus concidadãos obviam pelo costume. Os ex-membros, em especial quando percebem com clareza que a Igreja é maior do que o Opus Dei, reencontram aos poucos a alegria de serem filhos de Deus, sem terem de se submeter aos constrangimentos e critérios inventados por monsenhor Escrivá e seus principais seguidores.

14 A "imunização" baseia-se na assimetria das implicações lógicas: por um lado, premissas verdadeiras só produzem conclusões verdadeiras, mas, por outro lado, premissas falsas podem produzir conclusões falsas ou verdadeiras (da premissa falsa "todos os números são ímpares" seguem-se infinitas conclusões verdadeiras: "3 é ímpar", "5 é ímpar" etc.). Um sistema que admita em suas premissas simultaneamente P e não-P não é passível de críticas... E, quando ajuntamos ao âmbito da lógica das proposições a escorregadia semântica de palavras como: "caridade", "liberdade", "amor a Deus"..., fecha-se o quadro da elástica lógica do Opus Dei.

15 Para esse caso, como em outros, alguns numerários mais "espertos" e com possibilidades criam (por meio de suas empresas etc.) um "caixa dois", que não cai nas mãos do secretário do centro. Assim, podem, sob a sagrada desculpa de que são gastos "profissionais", subtrair-se aos trâmites burocráticos internos para suas despesas: continuam anotando na "conta de gastos" que despenderam dez reais no barbeiro e doze reais num almoço, ao mesmo tempo que mantêm aquela reserva para gastos "profissionais" que acabam incluindo mil outras coisas, até mesmo a necessária e justa ajuda aos pais. Mas isso é só para uma minoria com possibilidades profissionais – e a suficiente elasticidade de consciência – para esses malabarismos que, no final das contas, são causados indiretamente pelos procedimentos de controle obsessivo adotados pela prelazia.

Realidade e ficção

1 Dan Brown, *O código da Vinci*, Rio de Janeiro, Sextante, 2004.

2 http://www.quadrante.com.br/Pages/servicos02.asp?id=104&categoria=Literatura_Livros

[3] http://opuslibros.org/nuevaweb/modules.php?name=News&file=article&sid=4403

[4] http://www.opuslibros.org/libros/tras_umbral/capitulo_I.htm

[5] Alberto Moncada, *Historia oral del Opus Dei*, Plaza & Janés, 1987.

[6] María Angustias Moreno, *El Opus Dei; anexo a uma historia*, Barcelona, Planeta, 1976.

[7] http://www.vaticanradio.org/portuguese/brasarchi/2003/RV42_2003/03_42_49.htm

IV Opus Dei Brasil

[1] Do início da década de 1960, quando a Obra se deslocou de Marília (que lhe serviu de primeira e mais fácil porta de entrada) para a cidade de São Paulo, e até 1968, havia um único centro, na rua Gabriel dos Santos. Em 1968 essa casa foi substituída por dois centros, Pacaembu e Vila Mariana, seguidos pelos de Pinheiros e Itaim. Hoje, a Obra está presente em outros bairros paulistas, bem como em outras cidades como Campinas, São José dos Campos, Rio de Janeiro, Brasília, Niterói, Curitiba, Belo Horizonte, Londrina e Porto Alegre. Nos atuais planos de expansão da instituição a idéia é "invadir" o interior de São Paulo, onde existem focos de catolicismo conservador.

[2] http://www.opuslibros.org/escritos/alguien_sabe.htm

[3] Nas décadas de 1980 e 1990 surgiram algumas iniciativas mais ou menos assumidas oficialmente pela Obra no Brasil; elas servem como "objetivos apostólicos" da instituição e como motivos para o pedido sistemático de ajuda econômica: o Colégio Catamarã, a Escola da Pedreira, o Centro de Extensão Universitária, e pouco mais.

[4] Univ é o nome de um congresso, organizado pela ONG italiana Instituto per la Cooperazione Universitaria (ICU), cujo objetivo é levar a Roma, todos os anos, por ocasião da Semana Santa, jovens, na maioria universitários, que freqüentam o Opus Dei em vários lugares do mundo. O congresso é, na verdade, mero pretexto. Trata-se de uma imersão em temas vocacionais para que esses jovens se decidam a entregar-se para a vocação à Obra. Como o *slogan* é repetido à exaustão, o papa, em qualquer lugar do mundo, reconhece Univ como sendo Opus Dei.

[5] Cf. http://www.opuslibros.org/correosanteriores/2004/diciembre/17dic04.htm

[6] http://www.colegiocatamara.com.br/parceria/programa/textos/textos.html#

[7] Boletim *Aceprensa*, 9/6/2004, n. 079/04.

[8] http://www.colegioarautos.com.br

[9] Cf. http://www.ceu.org.br/web/educ_eve_hmt04.htm e http://www.feth.ggf.br/Professor.htm

V O futuro do Opus Dei

[1] São Paulo, Loyola, 1999.

Apêndice B

[1] Veja estudo completo em: http://members.tripod.com/joseeluterio/Linguagem %20e%20Manipulacao.pdf.

[2] Cf. www.freeminds.org/rwatters.htm, *site* Free Mind, na tradução de www.geocities.com/Athens/Academy/6040/randall2.htm

[3] Seguimos aqui o resumo apresentado em: http:www.jesussite.com.br/acervo.asp?Id=1018

[4] http://www.opuslivre.org/oldweb/debates/Tipologia_Ex_Numer%Elrios.htm

SOBRE OS AUTORES

Dario Fortes Ferreira

Nasceu em 1958, em São Paulo. Formou-se médico pela Escola Paulista de Medicina (1977), com residência médica em cardiologia. Tem atuado na área de cardiologia, em medicina de emergência, exercendo o cargo de Chair do Emergency Cardiovascular Care Committee da Inter American Heart Foundation e é Presidente do Conselho Nacional de Ressuscitação. É webmaster do *site* www.opuslivre.org.
Foi numerário do Opus Dei de 1976 a 1981.

Jean Lauand

Nasceu em 1952, em São Paulo. Desde 1981, é professor de Filosofia e História da Educação na FEUSP, onde fez mestrado, doutorado, livre-docência e alcançou o posto de professor titular em 2000. É também professor investigador do Instituto Jurídico Interdisciplinar da Universidade do Porto. Autor de diversos livros e traduções, no Brasil e no exterior, publicou pela editora Martins Fontes: S. Tomás de Aquino: *A prudência, a virtude da decisão certa*, 2005; Tomás de Aquino: *Sobre o ensino & Os sete pecados capitais*, 2004; Tomás de Aquino: *Verdade e conhecimento*, 1999; *Cultura e educação na Idade Média*, 1998.
Preside o Centro de Estudos Medievais Oriente e Ocidente do Departamento de Filosofia e Ciências da Educação da USP e dirige revistas do CEMOrOc, editadas em parceria com diversas universidades públicas européias. Criou a página dos principais pensadores católicos da internet,

www.hottopos.com/4.htm, que tem recebido importantes distinções da Arquidiocese de Madri e da agência Zenit, ligada ao Vaticano. É também o único pensador brasileiro a integrar a *Biblioteca* do site do Vaticano (Congregazione per il Clero - CPC).

Foi numerário do Opus Dei de 1968 a 2003. Sobretudo nos últimos dez anos de sua permanência (formal) nessa instituição, adotou uma postura crítica, que culminou no seu desligamento quando concluiu que a única forma de permanecer católico seria fora do Opus Dei.

Marcio Fernandes da Silva

Nasceu em 1972, em Ilha Solteira, SP. Em 1974, mudou-se, com os pais, para a capital paulista. Em 1994, graduou-se em Engenharia Química pela Escola Politécnica da USP. Em 1999, obteve o grau de Bacharel em Direito, pela Faculdade de Direito do Largo de São Francisco, também da USP. Em 2002, tornou-se Assistente Fiscal Jurídico, da Secretaria da Fazenda do Governo do Estado de São Paulo. Em 2004, foi nomeado juiz substituto do Tribunal de Impostos e Taxas do Estado de São Paulo. Atualmente, dedica-se também a pesquisas acadêmicas sobre o Opus Dei.

Foi captado pelo Opus Dei através do Clube Pinhal, em 1982. Em 1987, tornou-se membro numerário da instituição. Deixou de ser numerário em 1990.

SUGESTÕES DE LEITURA

São José - A personificação do Pai (*Leonardo Boff*)
Na história do cristianismo existem cerca de vinte mil escritos que tratam de São José. Entre todos esses não havia nenhum em língua portuguesa que tratasse, de forma ampla e profunda, esta figura tão importante para a vivência dos cristãos. A presente obra se propõe preencher esta lacuna. Representa o trabalho de muitos anos de pesquisa nas melhores bibliotecas especializadas sobre São José.

Novas fronteiras da Igreja (*Leonardo Boff*)
Fundamentado nos conceitos conciliares (Vaticano II) de Igreja-sociedade (que privilegia a hierarquia) e de Igreja-comunhão (que valoriza a participação leiga e o Povo de Deus), o autor propõe uma ponte eficaz entre essas duas vivências, segundo moldes, amplamente expostos no livro, que já ocorrem na América Latina, e apresenta as premissas da teologia libertadora, formulando, no concreto, "um novo modo de toda a Igreja ser".

Ética e eco-espiritualidade (*Leonardo Boff*)
De que espiritualidade precisamos para dar um sentido humano ao processo de globalização? Que princípios éticos nos poderão orientar para convivermos com um mínimo de paz e de cooperação entre os povos? O presente livro procura abrir clareiras no emaranhado dessas questões, para que possamos entender melhor e assumir mais decididamente nossa missão de guardiães e curadores da Terra e da vida.

Crise, oportunidade de crescimento (*Leonardo Boff*)
Este é um livro de esperança. Fala da crise que atinge os fundamentos das convicções estabelecidas, das culturas, das religiões, dos valores, das políticas e do cotidiano – e a crise sempre pressupõe riscos. Mas onde há crise há também inúmeras oportunidades que conduzem ao amadurecimento e crescimento do ser humano enquanto indivíduo e membro da sociedade.

Experimentar Deus (*Leonardo Boff*)
O interesse de Leonardo Boff, através deste livro, está em criar espaço para que cada um possa fazer sua própria experiência de Deus. Afirma que "para encontrarmos o Deus vivo e verdadeiro a quem podemos entregar o coração, precisamos negar aquele Deus construído pelo imaginário religioso e aprisionado nas malhas das doutrinas. Experimentar Deus não é pensar sobre Deus, mas sentir Deus com a totalidade de nosso ser. Experimentar Deus não é falar de Deus aos outros, mas falar a Deus junto com os outros".

A cruz nossa de cada dia (*Leonardo Boff*)
O leitor é convidado a refletir sobre esta verdade incontestável: "Todos carregamos alguma cruz ou nas costas ou no coração". Como encarar essa cruz, como assumi-la, como abraçá-la como instrumento de libertação, não se deixando sucumbir por ela – eis o segredo de uma vida em que reina a harmonia interior e exterior. Leitura indispensável.

VIA-SACRA PARA QUEM QUER VIVER (*Leonardo Boff*)

Deitando o olhar sobre cada passo de Jesus naquele ontem histórico, o autor nos faz ver o mesmo fato sob outros prismas e conduz nosso olhar para o presente, levando-nos a refletir sobre hoje, sobre a via-sacra que se impõe a todo aquele que quer viver. Sempre atual, sempre necessária... esta meditação nos ajuda a olhar para nossa própria vida, para a história que estamos construindo, nesta via que vamos aprendendo a tornar sagrada à medida que buscamos mirar o Cristo para vivermos a justiça, a fé, a esperança e o amor.

POR QUE AINDA SER CRISTÃO HOJE? (*Hans Küng*)

Hans Küng nos lança o desafio de, numa época carente de orientação, encontrarmos na fé claros impulsos para a práxis individual e social. Trata-se de uma meditação sobre os sólidos fundamentos e sobre os impulsos do cristianismo para o futuro. Com este livro Hans Küng aponta os contornos de uma fé capaz de enfrentar os desafios do tempo.

RELIGIÕES DO MUNDO (*Hans Küng*)

Com o objetivo de oferecer informações precisas e levantar pontos essenciais para uma reflexão atual e madura, Hans Küng esboça o mundo das grandes religiões, destaca as conexões existentes entre elas, aponta o que têm de comum, o que as separa e evidencia como o potencial de paz subjacente a elas poder-se-ia tornar um etos mundial.

HOMEM ALGUM É UMA ILHA (*Thomas Merton*)

Obra clássica e atemporal de Thomas Merton – um dos mais influentes escritores espirituais do século XX – que marcou a época de uma geração de intelectuais, leigos e religiosos, em razão das meditações sobre as urgentes questões sociais da nossa era. De acordo com o autor, valores como a liberdade, a esperança, a caridade e a sinceridade refletem as verdades básicas que sustentam a vida do espírito; e o termo *ilha* significa dizer que na vida só existe sentido quando se admite que nenhum homem é sozinho, que ninguém se basta a si mesmo.

NORMOSE, A PATOLOGIA DA NORMALIDADE
(*Pierre Weil / Jean-Yves Leloup / Roberto Crema*)

Tudo indica – conforme os autores – que o conceito de normose, com o seu aprofundamento e desenvolvimento, provoca um importante questionamento a respeito do que se considera *normalidade*. A tomada de consciência dessa realidade poderá facilitar uma profunda mudança na visão e na consideração de certas opiniões, hábitos e atitudes comportamentais considerados *normais* e *naturais* pelas mentes mais desatentas e adormecidas.

OS MUTANTES (*Pierre Weil*)

Este livro é uma preciosidade. Raras são as vezes que temos acesso a uma visão tão clara, tão direta, tão lúcida do ser humano hoje. Só alguém que experimentou em si mesmo a angústia de ser fracionado e o chamado a viver as mais diversas experiências, passando por todas as etapas de mutação rumo ao despertar para o Ser... Só alguém que aceitou sofrer a dor e a alegria da mudança e que pôde, então, superar-se... Esse sim é capaz de olhar os seres humanos, enxergá-los realmente e detetar o estágio em que se encontram.

Estagnantes? Mutantes? Pierre Weil tem muito a nos dizer. É um mestre. É um ser desperto.

A SABEDORIA DO SALGUEIRO (*Jean-Yves Leloup*)
Com pequenos e sábios poemas, o autor leva o leitor, de forma poética, a encarar as provações diárias, como uma árvore enfrenta os desafios da natureza: fincado em suas raízes, ereto mas não rígido, firme porém brando, enfrentando o medo com coragem, as incertezas com sabedoria, sempre crescendo a cada aprendizagem e desenvolvendo sua estabilidade.

O ROMANCE DE MARIA MADALENA (*Jean-Yves Leloup*)
Quem foi a Maria Madalena dos evangelhos? Uma beleza provocante e inocente? Uma mulher paradoxal, iniciada no mistério do amor e prostituída? Uma apaixonada? Uma mística? Nenhuma dessas possibilidades e todas ao mesmo tempo, porque Maria Madalena é o arquétipo feminino em todas as suas dimensões, das mais carnais às mais espirituais: é a mulher eterna. Filósofo e teólogo, Jean-Yves Leloup mescla história e ficção, teologia e poesia, para abarcar as infinitas facetas de Maria em uma obra magnífica e exuberante.

O ABSURDO E A GRAÇA (*Jean-Yves Leloup*)
A surpreendente autobiografia de um homem que, marcado por uma vida em que se manifestam inúmeras situações de "absurdo", vai em busca da graça, encontra-a e passa a viver dela. Filósofo, padre ortodoxo e conferencista de renome internacional, Jean-Yves Leloup mostra sem rodeios as suas experiências humanas e espirituais, as suas quedas e reabilitações. Muito mais que o relato de uma trajetória, é uma confissão surpreendente, é a vida de um homem de fé inquestionável, de alguém que possui um respeito profundo pelo ser humano e pela liberdade.

AMAR... APESAR DE TUDO (*Jean-Yves Leloup*)
Jean-Yves Leloup nos convida a dar um passo consciente em direção a uma vida plenamente assumida. Fala-nos daquilo que está dentro de nosso ser, no mais profundo de nós – o amor –, e vai lançando luzes para permitir que cada aspecto aflore, que tomemos consciência e que nos rendamos à proposta de mudança que a vida nos faz. Considerando nossa vida tal qual ela se apresenta, o autor nos induz a buscar nosso caminho pessoal, nossa resposta pessoal que sempre encontra pleno sentido no amor.

A ARTE DA ATENÇÃO (*Jean-Yves Leloup*)
Jean-Yves Leloup nos propõe um remédio para enfrentar o estresse dos nossos dias: a atenção. É ela que nos faz sair do inferno que é a ausência do amor, o esquecimento de nós mesmos, o esquecimento do Ser. É a atenção que nos levará a viver o instante em sua plenitude, ou seja, a estarmos presentes no momento presente, redescobrindo o sentido da escuta e da comunicação com o Real.

E POR FALAR EM MITOS... (*Joseph Campbell*)
Neste livro – em forma de entrevista – Joseph Campbell fala sobre os mitos e sua influência em nossa vida, levando-nos a jornadas distantes e oferecendo não apenas informações sobre a mitologia do mundo inteiro, mas tam-

bém uma visão mais ampla da história aliada à capacidade de olhar para a própria vida, de interpretá-la e melhor compreendê-la.

Pecados do espírito, bênçãos da carne (*Matthew Fox*)
Fox, teólogo sério, criativo e corajoso propõe uma nova teologia que muda radicalmente a percepção tradicional do bem e do mal, mostrando caminhos que favorecem um tratamento mais humano, sábio e enriquecedor de nós mesmos, de uns com os outros e de toda a natureza. O texto nos conduz a um exame de nosso mundo e de nossas percepções sobre ele e sobre nós mesmos, expandindo nossa mente e descortinando idéias e modos de pensar que apresentam novidades apaixonantes e, ao mesmo tempo, bem-fundamentadas na ciência e na teologia.

O túnel e a luz (*Elisabeth Kübler-Ross*)
O que há de tão misterioso no momento da morte? O que sentem e vêem as pessoas que já tiveram a experiência de quase-morte? Como lidar bem com a idéia da finitude da vida? Como ajudar efetivamente as pessoas que estão morrendo? Esses questionamentos, entre muitos outros, são assunto deste excepcional livro, que ajuda o leitor a refletir sobre a melhor maneira de viver, enquanto o leva a reconciliar-se com a idéia da morte.

Imagine all the people (*Dalai-Lama*)
Se você pudesse se sentar com o Dalai-Lama para ter com ele uma conversa descontraída, a respeito de que você falaria? Fabien Ouaki, francês, conhecido homem de negócios, teve essa oportunidade e pôde então perguntar ao Dalai-Lama quais as suas idéias sobre assuntos do dia-a-dia que costumam povoar os jornais e a nossa vida. Este livro é o registro dessas variadas e notáveis conversas, abrangendo um amplo leque de temas políticos, sociais, pessoais e espirituais, incluindo mídia e educação, casamento e sexo, desarmamento e compaixão.

Conselhos espirituais do Dalai-Lama (*Dalai-Lama*)
Nestes *Conselhos espirituais*, o Dalai-Lama fala da possibilidade de um encontro espiritual entre o Oriente e o Ocidente, destacando aspectos que lhes são comuns. Cultivando qualidades humanas positivas como a tolerância, a generosidade e o amor, o diálogo inter-religioso não só é possível e desejável, mas ainda imprescindível para que a paz se instale neste mundo.

Transparências da eternidade (*Rubem Alves*)
Como um mestre da palavra, Rubem Alves relata, nesta coletânea de crônicas, passagens e experiências vividas, nas quais Deus, a religiosidade, o amor, a beleza e o sentido da vida estão sempre presentes. Seu texto flui com uma simplicidade de rara beleza, inspirado por uma memória poética e reflexões cotidianas, apresentando a espiritualidade sob uma nova ótica e tornando a sua leitura obrigatória àqueles que buscam ampliar seus horizontes.

Educação dos sentidos e mais... (*Rubem Alves*)
Você vai poder mergulhar não só nas reflexões em torno dos sentidos, mas também da leitura, da arte, da educação, do ensino, do vestibular, da brincadeira criativa, dos desafios que a vida apresenta... e vai poder experimentar a alegria que brota das novas descobertas.

Um céu numa flor silvestre (*Rubem Alves*)
Inspirado na poesia de William Blake, Rubem Alves, através de suas crônicas, leva o leitor a uma viagem pelas mais diversas formas de beleza presentes no nosso dia-a-dia, as quais, muitas vezes, passam despercebidas ao observador menos atento. Por outro lado, o autor mostra como a beleza pode ser vista de forma diferente, dependendo do olhar que contempla, e do momento especial em que é vista.

Se eu pudesse viver minha vida novamente... (*Rubem Alves*)
Rubem Alves viaja no tempo e no espaço... e lança o olhar sobre os sonhos, sobre as perdas e ganhos, detendo-se nos pequenos detalhes que fazem toda a diferença, recorrendo a memórias ora felizes ora dolorosas, quase sempre com um toque de nostalgia que não é arrependimento, mas sim uma saudade gostosa de algo vivido em plenitude. É assim, com extrema delicadeza, que chega ao coração e à mente de cada um de nós, despertando-nos para o agora, acordando em nós o desejo de viver de forma diferente, de aproveitar cada instante, de valorizar cada minuto, enchendo-o de beleza, de verdade, de leveza.

Ao professor, com o meu carinho (*Rubem Alves*)
Neste livro de crônicas, Rubem Alves, com seu estilo peculiar e contundente, traz à tona algumas das críticas que vem apresentando, no decorrer do tempo, ao sistema educacional. Quem o conhece de perto sabe que suas críticas são a manifestação de uma ansiedade profunda por ver oferecida a nossos alunos uma educação mais justa, por meio da qual também o professor possa se realizar em sua vocação de mestre.

Conversas sobre educação (*Rubem Alves*)
Nesta coletânea de crônicas, Rubem Alves transforma assunto sério – a educação – em um bate-papo descontraído e bem-humorado, considerando a prática educacional em seus vários níveis e dimensões. Em estilo inconfundível, as crônicas propõem uma missão para a educação: formar um povo para sonhar e, assim, promover a construção de um país.

Conversas sobre política (*Rubem Alves*)
Um livro inteligente, corajoso, necessário, que realiza a proeza de nos tirar do conformismo e da resignação para nos lançar para a frente, fazendo com que nos posicionemos diante da realidade atual. Rubem Alves, através desta coletânea de crônicas, nos faz pensar, nos faz sonhar, nos leva a reivindicar da política o cumprimento de seu papel, da sua verdadeira missão: a de "sonhar os sonhos do povo e se dedicar a transformá-los em realidade".

Um mundo num grão de areia (*Rubem Alves*)
Nesta coletânea de crônicas poéticas, de intenso lirismo, é possível encontrar todas as facetas que compõem o universo do ser humano e descobrir a riqueza de vida existente num minúsculo grão de areia, que nada mais é do que nosso mundo irrevelado. Esta é uma obra essencial para quem se sente amante da poesia, da arte, do sonho... amante do ser humano e de seu universo.

Alzheimer de A a Z (*Jytte Lokvig / John D. Becker*)
Um guia dirigido especialmente às pessoas que cuidam de um portador de Alzheimer, sejam familiares, sejam profissionais. Escrito por uma cuidadora

experiente e um médico com especialização no tratamento de Alzheimer, ele responde a inúmeras perguntas sobre a doença, suas causas, sintomas e, principalmente, como o cuidador deve lidar com cada situação adversa como agressividade, depressão, medicamentos, alimentação, perda de memória e até linguagem inconveniente.

Histórias que curam... porque dão sentido à vida (*Elisabeth Lukas*)
Histórias reais, personagens reais, problemas reais... e soluções reais compõem este livro que vai nos envolvendo e surpreendendo à medida que descobrimos que nunca estamos sozinhos, que em todas as coisas sempre há um sentido e que existem, à nossa frente, inúmeros caminhos e recursos dos quais nem suspeitávamos. A temática abrange nossa realidade multifacetada: solidão, abandono, ciúme, egocentrismo, estresse, tédio, desemprego, relacionamentos, traumas, falta de sentido, suicídio, aborto, depressão, crise da meia-idade, impasses, indecisão, problemas profissionais...

Orar com o corpo (*Carlos Rodrigues Brandão*)
O autor presenteia os leitores com poemas-prece – verdadeiras reflexões que, desenvolvendo-se nos diversos momentos do dia, inspiram o leitor a voltar-se para si mesmo, a estender os olhos para o outro, a superar-se para visualizar o Outro. Sensível, delicado, forte, vigoroso, denso, simples, genuíno, autêntico, o autor consegue harmonizar todas essas características nas mensagens que enternecem pela sua verdade, pelo seu realismo, por seu ritmo inspirador.

O som do silêncio (*Luiz Carlos Lisboa*)
Com textos profundos, mas de leitura simples, Luiz Carlos Lisboa leva o leitor a viagens em busca do eu interior. São meditações em pequenos textos com temas variados, geralmente nascidos da natureza e de tudo o que nos rodeia – o som, a lua, o sol, a presença do ausente, o amor, as emoções, a capacidade de sentir, a solidão e o estar só.

Hitler e as mulheres - A vida amorosa de Adolf Hitler (*Ian Sayer / Douglas Botting*)
Fruto de anos de pesquisa dos autores – especialistas em história nazista – o livro apresenta, de forma envolvente, fatos e personagens reais da Segunda Guerra com uma riqueza de detalhes e intimidade, possíveis graças a fartos documentos e a relatórios de depoimentos exclusivos, importantes para o mundo. De leitura fascinante, o livro, além do contexto histórico, aborda a vida amorosa, estranhas manias de Hitler e aspectos psicológicos de seus envolvimentos, que, em casos extremos, levaram algumas mulheres ao suicídio.

Eu, Safiya (*Safiya Hussaini Tungar Tudu / Raffaele Masto*)
Esta é a verdadeira história da mulher nigeriana que moveu e comoveu o mundo todo. Condenada ao apedrejamento e salva a um passo da morte, Safiya conta, com detalhes, sua história e o motivo por que, sob a lei islâmica, a mulher pode ser morta ao ter um filho fora do casamento.

Impressão e Acabamento

Prisma Printer Gráfica e Editora Ltda.
Fone/Fax: (0xx19) 3229-7171
E-mail: grafica@prismaprinter.com.br
www.prismaprinter.com.br
Campinas - SP